7601

ESSAI

SUR LA

BIBLIOTHEQUE

ET LE

CABINET

DE CURIOSITÉS ET D'HISTOIRE

NATURELLE

DE

L'ACADEMIE DES SCIENCES

DE

SAINT PETERSBOURG.

PAR

JEAN BACMEISTER.

SOUS BIBLIOTHECAIRE DE L'ACADEMIE DES SCIENCES.

De l'Imprimerie Privilegiée
de Weitbrecht & Schnoor.

1776.

AVANT PROPOS.

Le public instruit a paru désirer quelque mémoire sur la bibliotheque & le cabinet de curiosités & d'histoire naturelle de l'Académie des Sciences de Saint Petersbourg. Je souhaite que cet essai puisse le satisfaire. Le jubilé, par lequel l'Académie célèbre son institution, m'a paru une circonstance favorable pour e mettre au jour. Si je voulois faire un ouvrage olumineux, j'entrerois dans des détails particu-

liers

liers sur l'ancien état de la littérature dans le Nord & particuliérement dans la Russie, histoire intéressante; mais que je laisse à ceux qui ont plus de lumiéres que moi. On a déja fait d'excellentes remarques sur ce sujet, sans vouloir y rien ajouter: je me bornerai à quelques réflexions analogues à mon sujet.

On attribue l'invention des caractères esclavons à un Philosophe grec du neuviéme siecle, à Constantin qui fut ensuite nommé Cyrille: ou, pour mieux dire, ce fut lui qui le premier écrivit les lettres esclavonnes, en employant les caracteres majuscules de l'Alphabet grec *). Il inventa en même tems des traits particuliers pour

---

*) *Buttner, qui a rassemblé les différents Alphabets des peuples connus, attribue à l'esclavon l'avantage d'exprimer les sons doux des françois & des italiens, aussi bien que les sons durs des allemands.*

pour exprimer les sons propres à cette langue, & que l'on ne peut rendre par aucune lettre grecque, & donna enfin à chaque lettre de l'Alphabet le nom d'un mot qui commençoit par cette lettre. Cette nouvelle manière d'écrire s'appella écriture Cyroule ou plutôt Cyrille du nom de son Auteur, & s'est conservée dans les livres d'Eglise. La différence qui se trouvoit alors entre l'écriture grecque & l'esclavonne étoit très peu considérable. On n'a qu'à consulter la Paleographie de Montfaucon, elle offre une épreuve de l'écriture grecque du 9me siecle, laquelle ressemble parfaitement à l'esclavonne de nos anciens livres d'Eglise. Les prêtres grecs à leur arrivée en Russie, quand le christianisme commença à s'y introduire, y apporterent cette même écriture grecque. Dans le même siecle la Bible fut traduite en langue esclavonne.

Des que Rouric eût fondé fon nouvel Etat il prit fort à coeur l'adminiftration de la juftice, & ordonna que les Seigneurs, qui poffedoient des terres dans fes Etats, l'exerçaffent d'une manière uniforme. Il falloit donc qu'il y eût quelques loix générales; d'où l'on peut conjecturer que les lettres n'étoient pas entiérement inconnues dans fes Etats.

Une preuve que dans le 10me fiecle l'écriture étoit connue en Ruffie, & que c'eft à tort que quelques écrivains en ont reculé la naiffance jusqu'au milieu du treiziéme fiecle, c'eft que dans les années 912 & 945 il y eût entre les Grands Ducs Oleg & Igor d'une part, & les Grecs de l'autre, des traités d'alliance & de commerce, & qu'il y eft fait mention de régîtres, de commiffions fçellées, de lettres patentes, de paffeports, de loix, & de difpofitions teftamentaires.

Il y avoit des Chrétiens en Ruſſie; il y en avoit parmi les perſonnes qu'Igor envoya à Conſtantinople. Olga elle même avoit embraſſé le Chriſtianiſme, non par hazard ni par neceſſité, mais par conviction. Elle avoit des prêtres à ſa Cour; Sviatoslaw enfin protégeoit les Chretiens malgré ſon peu de penchant pour leur religion. - - - Tout cela ne prouve-t-il pas que les lettres commencoient à s'introduire en Ruſſie?

Le ſoin que le Numa de la Ruſſie, le Grand Duc Volodimer, prit de s'inſtruire des dogmes des différentes réligions qu'on lui propoſoit d'embraſſer, & la préférence qu'il donna à celle des Grecs, marquent en lui autant de jugement que de connoiſſances. C'eſt lui qui appella de la Grece les arts enfants de la paix & de l'abondance. Il les accueillit à ſa Cour & les protégea. Ce Prince aimoit la muſique, & ſe plaiſoit à recompenſer les talents. Pour diſſiper les tenebres de l'ignorance, développer le genie de ses peuples, & les rendre heûreux, Volodimer établit des écoles publiques, & fit dresser un statut concernant la manière d'instruire la jeunesse, & la conduite des Maitres préposés à l'éducation. Le lecteur sera peut-être curieux de voir un réglement capable de faire honneur aux siecles les plus éclairés. *)

„Преосвященный Митрополитъ Михаилъ
„Призываше къ себѣ всѣхъ тѣхъ учителей
„грамотныхъ, и наказываше ихъ праве и бла-
„гочинне учити юныя дѣти. Якоже словесемъ
„книжнаго разума, такоже и Благонравію и
„правдѣ и любви, и зачалу Премудрости Стра-
„ху Божію и Чистотѣ и Смиренномудрію.
„Учити же ихъ не Яростію ни жестокостію,
„ни гнѣвомъ, но радостновидномъ страхомъ, и
„любовнымъ обычаемъ, и сладкимъ проученіемъ
„и ласковымъ Утешеніемъ. Да не унываютъ
„ни

───────────────

*) Voy. Степенныя книги стъ I. гл. 40.

„ни ослабѣютъ, прилѣжно и часто послуши-
„вати и наказывати ихъ, предавати и ко-
„муждо ихъ урокъ ученїя съ разсужденїемъ
„противу коегождо силы, и соослабленїемъ
„да не унываютъ. Но паче же всегда прила-
„гати имъ ученїе, отъ Закона Господня, на
„пользу душижъ и тѣлу, отъ безумныхъ же
„и не подобныхъ словесъ всячески ошаятися„

„Les maitres doivent inſtruire les jeunes gens
„avec raiſon & avec décence, leur faire com-
„prendre l'eſprit de ce qu'ils liſent, & leur
„enſeigner à pratiquer la vraie charité chreti-
„enne, tenir une bonne conduite & à ſe pe-
„netrer de la crainte de Dieu, laquelle eſt le
„commencement de la ſageſſe; ils doivent en in-
„ſtruiſant ne pas le faire avec emportement, ni
„avec rudeſſe, mais avec un viſage riant, & d'u-
„ne manière engageante pour ne pas intimider les
„enfants; ils doivent veiller avec attention ſur

„eux, repéter à plusieurs reprises leurs instructions,
„donner avec discernement une tache proportion-
„née à la force de chacun pour ne pas découra-
„ger les enfans, ou les rendre stupides, ils
„doivent leur mettre dévant les yeux surtout les
„préceptes de la religion pour leur bien spirituel
„& temporel, & éviter enfin tous les discours fa-
„des & pueriles„.

Ajoutez à cela le mariage que le même Volodimer contracta avec la Princesse Anne fille de l'Empéreur Roman, & la bonne éducation qu'Olaus Prince de Norvege reçut dans le palais de ce Souverain de la Russie. Ne sont ce pas-là des preuves de la politesse & des lumiéres qui distinguoient sa Cour?

Je ne m'arrêterai pas aux poétes esclavons, qui dans les tems les plus reculés célébroient par des chants les exploits de leurs Heros. Je remarquerai seulement, que, dès que le christianisme se fut établi en Russie, les hymnes y retentirent de toutes parts. Les Russes *) chantoient des cantiques & les pseaumes de David dans leur propre idiome, ce qui annonce une langue déja cultivée, tandis que les autres nations chrétiennes, malgré les lumiéres dont elles se piquoient, employoient dans le service divin un langage ignoré du peuple, & se privoient ainsi d'un moyen de perfectionner la langue vulgaire.

Cette aurore, qui promettoit le plus beau jour, ne perdit rien de son éclat sous le regne du Grand Duc Jaroslav Vlodimirovitsch. Ce Prince faisoit ses délices de la lecture, & y consacroit souvent une partie des nuits. Il appella des savants à sa Cour, & fit traduire plusieurs livres

―――――――――――――――――――――

*) *Voyez discours de Mr. Cheraskov sur la poesie Russe*

livres grecs en langue ruſſe. C'eſt lui qui en 1019 donna aux Novogrodiens ſous le titre de Gramota Soudebnaja *) pluſieurs loix pour ſervir de regle dans les Cours de juſtice. Ces loix ſont les prémieres qui ayent été redigées par écrit en Ruſſie & ce qui les rend remarquables, c'eſt la conformité qu'elles ont avec celles des autres peuples ſeptentrionaux. L'annaliſte de Novogorod *) nous a conſervé ce pretieux monument, & le public en eſt rédevable au ſoin d'un ſavant qui l'a mis au jour en 1761.

Ja-

---

*) La ſignification du mot Gramota, lequel comme on ſait deſigne dans la langue grecque toutes ſortes d'écrits, a été bornée dans la langue ruſſienne aux ordres écrits des Souverains, ſous les quels on comprenoit les loix proprement dites.

**) Quand je dis les prémieres je n'ai garde de prétendre qu'avant celles-ci il n'ait point exiſté d'autres loix écrites. Les Chroniques

remar-

Jaroslav Vlodimirovitsch fonda à Novogorod une Ecole publique où il fit instruire à ses frais trois cent Enfants. Sa Cour étoit la plus brillante du Nord *), & servoit d'asyle aux Princes malheûreux. Le Choix enfin que Henri I. roi de france fit en 1051 de la Princesse **) Anne Jaroslavitschna nous montre la reputation que la Russie s'étoit déja faite dans les pays étrangers.

Les

---

remarquent que les Evêques conseillerent au Grand Duc Volodimer de punir les brigands по правилом градскаго закона, *& elles ajoutent qu'il les fit punir* по градскому закону, *ce qui suffit pour prouver l'existence des loix écrites.*

*) *Jarislavus aulam suam ita construxit ut regias eidem magnificentia pares per Septentrionem hoc aevo inveniamus omnino paucas. Ad illam proinde principes quilibet adversa fertuna pressi, confluxerunt. Veyez Bilmarc Hist. Reg. Holmgardicorum Aboae 1766. p. 3.*

**) *Je ne disconviens pas, que la politique & la crainte d'essuyer quelques querelles par raport aux*

Les richesses dont elle étoit alors en possession vont au delà de ce que l'on peut imaginer. Le grand Duc Isaslaw Jaroslavitsch, que les troubles domestiques forcerent de s'exiler, emporta une prodigieuse quantité de Vases d'or & d'argent, d'habillements superbes & de pierres précieuses. Ces tresors lui servirent à faire au Roi de Pologne Boleslas *) & à l'Empéreur Henri IV. **) des présents d'un tel prix que les historiens n'en

―――――――――――――――――――

aux loix ecclesiastiques, qui ne permettoient pas d'épouser une parente au septième degré, n'y ayent contribuées. V. Benzelstiernae Genealogia Annae, Reginae Gallicae Conjugis Henrici I. Regis e scriptoribus genuinis eruta. Acta Societ. Vpsal. ad A. 1741. p. 68.

*) Zaslaus Dux Kioviensis in Poloniam aufugit, ducens secum aurum, argentum vasaque concupiscibilia, & omnem mobilem & pretiosam supellectilem. V. Duglossi Historia Poloniae T. 1.

**) Ruzenorum Rex Demetrius Moguntiam venit deferens ei (Henrico IV.) inestimabiles divitias

n'en font mention qu'avec surprise. Les Envoyés, qui se rendirent de la part de l'Empereur à la Cour du Grand Duc Vsevolod Jaroslavitsch furent éblouis de tant d'éclat & s'en retournerent comblés de présents. L'historien, qui en parle, ajoute en termes précis qu'on ne se souvenoit pas d'avoir jamais vu à la fois en Allemagne un amas aussi considérable d'or, d'argent, de joyaux, & d'habits magnifiques, qu'à leur retour de Russie. Cette opulence étoit le fruit des victoires continuelles, que les Russes avoient remportées sur les Grecs, les Petsheneges, les Bolgares & d'autres peuples. C'étoit le Com-

---

tias in vasis aureis & argenteis & vestibus valde pretiosis. Lambertus Schafnaburgensis ad A. 1075. Burchardus qui ad regem Ruzenorum legatione functus erat reversus est, tantum regi deferens auri & argenti & vestium pretiosarum, ut nulla retro memoria tantum regno theutonico uno tempore illatum referatur. Idem ad 1075.

Commerce au dedans & au dehors qui les avoit enrichis. Les precieuses productions des Indes arrivoient à Astracan, d'où une partie remontant le Volga & plusieurs autres rivieres parvenoit à Ladoga & delà a Vinette & Visbi, tandis que l'autre alloit par Tana jusqu'en Italie.

Le Superflu comme on sait & le commerce animent l'industrie, font naitre le luxe, & le luxe perfectionne les arts. L'aplication de cette verité à la Russie ne peut que fortifier notre sentiment.

Les jugemens défavorables que le reste de l'Europe a portés sur la Russie doivent être imputés au peu de connoissance qu'on avoit de cet Empire, de sa langue & de son histoire. Que l'on ouvre les chroniques nationales, & l'on y verra mille traits d'héroisme, les talents honorés & recompensés, l'ignorance avilie & rebutée. On

trou-

trouvera dans Nestor un paralléle frappant de deux Metropolitains morts vers l'an 1089. L'un y est qualifié *) d'homme de lettres, d'homme savant, plein de compassion pour les pauvres & pour les veuves, également affable pour le riche & pour le pauvre, doux, éloquent & discret, consolant par l'écriture sainte les ames affligées. L'autre **) est répresenté comme un esprit borné, un ignorant, un plat orateur. Peut-on faire de pareils éloges & de telles censures sans connoitre le prix de la science? Que dira-t-on des différents essais d'arts & de métiers dont nos histoires font mention? Déja en 996 il y est question de

---

*) Бысть мужъ хитръ книгамъ и ученїю, милостивъ къ убогимъ и вдовицамъ, ласковъ же ко всяку богату и убогу, смиренъ же, молчаливъ и рѣчистъ, книгами Святыми утѣшая печальныя.

**) Бѣже сей мужъ не книженъ и умомъ простъ и просторекъ.

B

de cuillers d'argent *) que Wolodimer distribua au peuple; & en 1015 d'un cercueil de marbre, & de portes dorées. En 1089 on commença à bâtir des bains, des maisons, des hopitaux & d'autres monuments de briques. En 1155 on construisit des vaisseaux d'une architecture toute particuliére. Une foule d'artisans arriva de la Grece, des églises furent construites en grand nombre, leurs porches furent ornés de fresques, & les images des Saints couvrirent les murs & les lambris. Je ne parle point de ces miniatures dont les anciens livres d'eglise sont remplis. Je me borne à citer celles des tablettes Capponiennes, monument dont Falconi fait le plus grand éloge. Qui le croiroit? s'écrie-t-il les Russes savoient

───────────────────────────

*) *Le Prince Tscherbatow dans son histoire de la Russie en tire la conclusion que l'argent y fut alors en abondance, ce qui confirme ce que nous venons de dire des richesses de la Russie.*

voient peindre *) dès le douziéme fiecle. Tout le monde fait que la rénaiffance de la peinture en Italie, fous Cimabué ne datte que du treziéme.

Seroit

---

*) *Jam diu pingunt Rutheni & quis credat? feculo duodecimo.* De ces tablettes il y en avoit cinq, où font repréfentés les images des Saints de l'eglife grecque fuivant l'ordre des jours de toute l'année. Un certain grec nommé Gerazime Phocas les avoit, dit on, reçu de l'Empéreur Pierre le Grand. Le Marquis Alexandre Gregoire Capponi, dont elles portent le nom, les acquit pour 300 Ducats, & chargea Falconi de les expliquer, ce que fit celuici dans un Commentaire qu'il publia à Rome 1755. in fol. Ce font ces mêmes tablettes qui fournirent à Affemanni tant de materiaux pour en compofer un ouvrage rempli de favantes recherches en fix Volumes in quarto publié à Rome 1754. f. t. *Calendaria ecclefiae univerfae, in quibus Sanctorum nomina, imagines & fefti per annum dies ecclefiarum occidentis & orientis defcribuntur.* Les figures des Saints ne s'y trouvent pas jointes, comme l'imagine l'auteur de la preface qui eft à la tête du XXIX. Tome de l'hiftoire univerfelle.

Seroit-ce par raport aux églises & aux images des Saints multipliées à l'infini que l'historien grec *) Nicetas donne au peuple russe dans le même siecle, dont parle Capponi, l'epithéte de *très chrétien?* Si tel est le surnom dont s'honore le Monarque de la Nation la plus polie de l'Europe, on peut en conclure, que la nation russe devoit être parvenüe à un point de civilisation & de culture pour avoir merité un pareil titre de la part d'un écrivain étranger.

Au travers des ténébres, que la nuit des tems jette sur cette partie de l'histoire russe, on entrevoit que les lettres ont été cultivées dans les cloitres, & les historiens ont conservé les noms de plusieurs moines distingués par leur savoir.

Ces

─────────────

*) *Blachi ad terrestrem imperatricis urbis portam accessissent nisi Rossi christianissima gens admirabili studio oppugnassent.* Niceti Hist. p. 237.

Ces retraites étoient sans doute en Russie comme dans le reste de l'Europe les aziles de la litterature dans des tems d'ignorance & de barbarie.

C'est le clergé russe qui le prémier a cultivé la langue esclavonne; c'est à cette culture qu'elle doit la grace, l'énergie, l'abondance & la douceur qui la distinguent. Ses richesses & ses beautés supposent dans ceux qui l'ont perfectionnée une metaphisique fine, beaucoup de Justesse dans l'esprit, de l'imagination, de l'oreille, & du gout.

Les Moines s'occupérent à transcrire des livres. Voilà la Source de cette nombreuse quantité de copies des Chroniques Russes. Il nous est même parvenu des livres dont l'antiquité remonte au onzieme siecle *). Les plus anciens Manuscrits

---

*) *Le Prince Tscherbatow en possède un de l'an 1046. Voyes la preface de son histoire de la Russie. A Moscou on garde un stichirar de 1157.*

ſcrits ſont ſur vélin, dont la préparation a dû démander beaucoup de ſoin. Les autres ſont ſur du papier poli; ce qui, pour le dire en paſſant, réfute les écrivains, qui dans leurs rélations de la Ruſſie avancent que jusqu'à la fin du 17me ſiecle on a écrit ſur des rouleaux d'écorce. Les Copiſtes regloient le papier, afin que toutes les lignes fuſſent à une égale diſtance les unes des autres. Ils le percòient à la marge au commencement de chaque ligne. Pour les titres & les lettres capitales ils ſe ſervirent ſouvent d'encre rouge; on trouve quelque fois leurs noms à la fin du livre. On ſuivoit donc ici la methode qui ſe pratiquoit dans les cloitres des pays étrangers, & l'on peut apliquer aux moines Ruſſes ce que Petrarqne dit de ceux de ſon tems: Quelques uns poliſſent le vélin, d'autres écrivent, d'autres corrigent, d'autres enluminent, d'autres relient &c. *).

Quant

---

*) *Alii membranas radunt, alii libros ſcribunt, alii corrigunt, alii illuminant, alii ligant.*

Quant aux Caractères c'étoient de groſſes Lettres *), (Письмо уставное) qui penetrent quelques fois le papier, & dont l'aſpect flatte l'oeil. Elles ſont toutes de même grandeur, à égale diſtance, d'un ſeul trait & ſans liaiſons: Ce défaut, celui de ponctuation, grand nombre d'abbreviations, la figure ſinguliére des lettres ſont la ſource des dificultés qu'on éprouve quand on veut déchifrer ces Manuſcrits. On avoit encor une autre ſorte de caractéres moins grands & moins beaux connus ſous le nom de письмо полу уставное, une écriture minuſcule pour ainſi dire, & une troiſiéme enfin nommée скорописное. Cette écriture coulée eſt heriſſée de têtes & de queues.

---

*) *Je dois la plupart de ces remarques au célèbre Auteur du livre Probe ruſſiſcher Annalen, d'ou je les ai tiré pour la plûpart, & j'en ai reconnu l'exactitude par l'examen des différentes écritures anciennes que j'ai ſous les yeux.*

queues. Les écrivains les traçoient selon leur caprice. Les correspondances qu'il y avoit entre eux & les Grecs contribuerent sans doute à étendre leurs connoissances. Les Russes traduisoient les livres qu'ils tiroient de la Grece, car, s'il faut en croire nos historiens, la litterature grecque étoit fort connue en Russie. Nestor cite des passages de l'historien Grec George; Cedrenus, Zonaras, & Syncellus furent ses modéles, & il forma son gout sur leurs écrits. Il est hors de doute que les Moines écrivirent les évenemens les plus mémorables de leur tems. Plusieurs savans ont déja remarqué, que Nestor n'auroit pas pu suivre l'ordre chronologique dans ses récits, ni fixer exactement la date des Evénements dont il parle, ni en détailler, comme il fait, les plus legéres circonstances, s'il n'avoit pas trouvé des mémoires plus anciens que lui; & si nous devons croire ce que Tatischew raporte, l'Archevéque Joachim

Joachim de Cherfon mort en 1030 fut le premier qui en compofa. Depuis ce tems-là l'hiftoire ne fut jamais negligée en Ruffie; vers l'an 1262, où les hiftoriens étrangers doutoient encor fi les Ruffes avoient quelque connoiffance des lettres, fix Annaliftes avoient déja écrit l'hiftoire de leur pays. Enfin fi Herberftein en compofant fes Mémoires fe fervit de chroniques Ruffes, & fi le fameux Stricovski en recueillit plufieurs, elles ne furent donc pas abfolument inconnues ou derobées aux recherches des curieux des tems précedens; que penfer après cela des hiftoriens du 18me fiecle, lorsqu'ils affurent que c'étoit un crime d'écrire l'hiftoire du pays? Que penfer de ceux qui regardent la Nation ruffe comme appartenant en quelque manière à un autre monde, ou comme une nation inconnüe à fes voifins, fans annales, fans monumens qui puiffent débrouiller le cahos des principautés qui la partagoient autrefois? Il faut rendre plus de justice au merite de nos Moines. La Russie leur doit une histoire compléte, où l'on réconnoit une chronologie si peu interrompue, que peut être aucune nation ne jouit d'un tresor si précieux *); il est donc faux que pour acquerir quelque connoissance de ce pays, il faille recourir aux fastes des autres Etats. Nous pouvons consulter nos Chroniques nationales, nos livres de degrés, nos chronographes, nos livres nommés родо-словные & розрядные, nos histoires particuliéres, nos livres ecclesiastiques & nos légendes.

L'invasion des Tatares ne fut pas favorable aux lettres, & les rélégua dans les cloitres. Tems déplorable, & qu'il seroit à souhaiter que l'on put couvrir d'un voile épais! Cependant la valeur Russe

---

*) *Sammlungen russischer Geschichte.* T. 5.

se parut plus d'une fois dans tout son éclat. Moscou se soutint au milieu de tant de révolutions. Une foule d'artisans & d'Architectes Italiens ne balancerent pas de préferer la Russie à leur patrie. Qu'on ne parle donc plus de loix qui ayent défendu l'entrée de ce pays aux étrangers, & toute communication avec eux. Il est prouvé que les portes de la Russie leur furent ouvertes dans tous les tems, mais en supposant que la politique les eut fermé, quel reproche pourroit-on faire aux Souverains de la Russie, qui ne rejaillit sur Platon? On sait que ce Philosophe interdit tout commerce entre les membres de sa Republique & les peuples étrangers. Cette loi est encor établie au Japon & à la Chine, & on ne peut pas disconvenir que ces Gouvernemens ne s'en trouvent bien.

Le Metropolitain Cyprien que nos écrivans representent comme l'homme le plus versé dans les scien-

sciences, vivoit alors sous les Grands Ducs Dmitri Ivanovitsch & Wasili Dmitriévitsch. C'est lui qui entreprit le premier d'écrire l'histoire de sa patrie suivant les dégres de parenté des Princes regnants.

L'usage de la poudre à canon fut introduit en Russie en 1475. plusieurs années avant que la Suede connut cette invention meurtrière. Aristotel natif de Bologne y avoit enseigné à fondre le canon, & à s'en servir, & en 1482 au siége de Fellin on employa avec succés des armes à feu. Ce même nom Aristotel se trouvant sur les monnoies de ce tems, montre qu'il en a aussi fabriqué. Les chroniques vers l'an 6977 (1469) font mention d'un autre monnoyeur (Денежнои Мастерb) Jean Phrasin, & d'autres monnoies portent empreints les noms Alexei & Samarin. Le droit de monnoyage n'étoit pas alors attaché à la souveraineté,

raineté, chaque orfévre avoit le droit d'en fabriquer *).

Enfin parut Ivan Wafilovitfch. Ce Prince, dit Rouffet, commença par vouloir civilifer fes peuples, & les inftruire dans les arts & les fciences utiles à la Société. Et en effet que ne fit-il pas pour eux? Il les delivra de l'oppreffion, où les faifoient gémir leurs tirans, veilla fur le clergé, affembla un Synode en 1542 **), dreffa en 1550 le

---

*) *Omnes fere aurifabri in Mofchovia, Novogrodia, Tweria & Pfcovia nummos cudunt, & quicunque affert maffas argenteas puras nummos ab Aurifabro transmutare volens, tum nummi & argentum appenduntur, atque aequa lance librantur, mercedem autem laboris exiguam aurifabri reportant. Guagnini Rer. Polon. Tomus II.*

**) *Les Décrets de ce Synode font compris dans le Stoglaw.*

le Soudebnic ou le Manuel des juges *), fixa le Cours des monnoies **), regla le commerce en

---

*) *imprimé à S. Petersbourg 1768. 8º.*

**) La Chronique dit; Царь Іванъ Васильевичъ съ Матерію своею усмотрѣлъ не правду въ людѣхъ, что денегъ умножися поддѣланныхъ и рѣзаныхъ, и восхотѣ то лукавство исъ своего Государства вывесть. По совѣтова о томъ съ Бояры своими, повелѣлъ Государь и его Маши дѣлать деньги новые изъ гривенки по 3 рубли, а старые деньги и поддѣланныя и рѣзаные не ходить.

Sans m'arreter à la signification des mots Grivenca & Rouble je crois devoir exposer ici l'état des monnoyes tel qu'il fut en Russie lorsque les marchands Anglois y arriverent en 1553. Suivant leur raport on n'y connoissoit que de la monnoie d'argent qui eût cours parmi les marchands. La seule espece en cuivre nommée Pole ne servoit qu'aux besoins du peuple. Celles d'or que les étrangers aporterent n'eurent point de prix fixe qui dependit des Marchands. Les Especes en argent furent Pole, Denga, & Novogrodki, qui furent de la même valeur qu'en Angleterre un demi Denier (half penie) un Denier (Penie) & deux Pinces ou Deniers. Et comme on y comptoit par demi denier, par Sche-

en 1571 par un tarif *) ainſi que par des traités faits avec d'autres nations **), & fit exercer dans ſa Capitale l'art de l'imprimérie. Il n'épargna rien pour rendre ſa nation heûreuſe. Il conçut le grand projet, car la grandeur des projéts depend de l'avantage qui en réſulte, il forma, dis je, le projet d'attirer dans ſes états une Colonie d'artiſans ***), & de les y établir. Il
aimoit

Scheling & par Livres, on compte de même manière en Ruſſie par Poldenga, par Denga, par Altine & par Rouble. Il fallut deux Poldenga pour faire un Denga; ſix Dengas pour un Altine & vingt trois Altines & deux Dengas pour un Rouble, & 18 Pôles eurent la valeur d'un Poledenga. Voyés Hacluyt Engliſch travels, ou l'on trouve auſſi marqués le traitè de Commerce que le Tſar conclut avec les Anglois, & les priviléges qu'il leur accorda.

*) *imprimé à S. Petersbourg 1768.*
**) *Voyés Hacluyt l. c.*
***) *Tous les hiſtoriens tels que Henning, Leunclav, Chytré, Neugebauer, Kelchen, Treuer,*
Arnd

aimoit les savans, & les traitoit avec des distinctions proportionnées à leurs talents: il accorda aux étrangers le libre exercice de leur religion *).

ll

Arnd, que j'ai consultés, conviennent que des ouvriers au nombre d'environ trois cent nommément des orfévres, des papetiers, des fondeurs de cloches, des mineurs, des armuriers, des maçons, des tailleurs de pierre, des peintres, des sculpteurs, des architectes, auxquels ils ajoutent même des theologiens & des jurisconsultes, s'étoient déja rendus à Lubec, dans le dessein de s'y embarquer pour la Russie, mais qu'ils en furent empechés par les intrigues des marchands de Lubec & sur tout par les Livoniens, qui éprouverent dans la suite le ressentiment du Tsar.

*) Voyés Petreji moscovitische Chronic, & Buschings Geschichte der evangelisch-lutherischen Gemeinen im russischen Reiche. T. I. La benediction nuptiale au mariage du Duc Magnus & de la Princesse Marie se donna même par un Prêtre allemand à Novgorod. Voy: Daniel Prinz à Buchau de Moscoviae ortu & progressu.

Il entreprit d'ériger *) à Novgorod & à Plefcou des Gymnafes pour y faire inftruire la jeuneffe ruffe dans les langues latine & allemande.

On ne fauroit douter que l'établiffement du Patriarchat en Ruffie fous le Tfar Feodor Ivanovitfch en 1589 n'ait eû fon influence fur les lettres. Il renouvella & affermit les anciennes liaifons entre le clergé ruffe & grec. Qui pourra ignorer les grandes qualités du refpectable Philarete, de ce Protecteur inftruit des fciences & des lettres? Ou qui meconnoit les talens & les merites de Nicon malgré les accufations à fa charge? Je rapporterai

---

*) *Aperuit Princeps Johannes Bafilides duobus Livonis: in eam rem incumbam, ut in urbibus meis Plefcovia & Novogardia ludi litterarii aperiantur, in quibus juventus ruthenica in lingua latina & germanica inftituatur.* Le même l. c.

porterai ce que dit à ce sujet l'Evêque Arsene. Ce Prelat accompagna Jérémie le Patriarche de Constantinople, & assista à la cérémonie de l'installation de Job qui se fit à Moscou. On verra le gout de ce tems là, la splendeur, & l'opulence, qui regnoient à la Cour du Tsar, malgré les calamités qui avoient désolé ses Etats. Comment vous donner une idée de cette cour, & des richesses immenses qui s'y trouvent? C'est l'Evêque qui parle *), imaginez de superbes buffets, chargés de coupes d'argent, de flacons & de gobelets entourés de guirlandes d'or, & pleins d'un vin le plus delicieux & le plus rare. Dans le nombre prodigieux de cuves d'or & de forme & de grandeur différentes, & dont le prix surpasse tout ce qu'on peut imaginer, on en voit une,

que

---

*) *Tout ce récit se trouve inseré dans le Catalogus Codicium Manuscriptorum Athenei Taurinensis Turini 1769, s. t. Labores & iter humilis Elassonis Archiepiscopi Arsenii.*

que douze hommes peuvent à peine porter. La vaiſſelle répréſente toute ſorte d'animaux tels que des lions, des ours, des taureaux, des chevaux, des liévres, des cerfs, des poulets, des paons aux ailes d'or, des grues, des cigognes, des canards, des oies, des pelicans, des autruches, des pigeons, des faiſans, des perdrix & des tourterelles. On remarquoit ſurtout une licorne d'une grandeur extraordinaire.

Ce gout pourra paroitre bizarre. Mais les préſens, que la Ville de Lubec fit offrir quelques années après au Tſar Boris Godounow marquent le même gout; ce n'étoit que des quadrupedes & des oiſeaux d'argent doré.

La magnificence qu'Arſene obſerva dans les apartemens, & dans l'habillement de la Tſarine & de ſes Dames d'honneur, l'éblouirent au

C 2　　　　　　point

point que les termes lui manquent. Les présents que reçurent le Patriarche & sa Suite n'étoient que des plats d'or chargés de diamants, & de perles fines *).

Le Tsar Boris Godounow ne contribua pas moins à étendre les sciences & les arts. Il envoya plusieurs jeunes Russes de distinction en Angleterre, en France & en Allemagne pour y acquerir des connoissances; il fit venir d'Allemagne

---

*) *On me permettra d'ajouter la remarque suivante. Il est connu qu'on trouve en Esthonie plusieurs rivieres & lacs, ou l'on pêche des perles, & que la Livonie en fournit aussi beaucoup. Valentin dans son Museum raporte que les paisans avoient caché long tems cette pêche, & vendu toutes les perles aux Russes. Ne seroit-ce pas la raison qu'on ne trouve nulle part de si beaux & de si riches ornements & coeffures de perles que ches nos femmes de la bourgeoisie?*

magne plusieurs Medecins *) & Apoticaires, il avoit offert au Mathematicien Anglois John Dee **) plus de dix mille Roubles d'appointements annuels pour l'engager au service du Tsar Feodor. Il fit tous ses efforts pour rendre le commerce florissant, & c'est à ses soins que nous sommes redévables de la prémiere Carte de la Russie, quoiqu'elle n'ait été publiée que sous le regne du Tsar Michaile Feodorovitsch. Sa Cour étala la plus grande magnificence à l'arrivée du Prince Jean de Danemarc, & en 1602 il y eut deja des montres à repetition.

Sous le faux Demetrius les troupes exécuterent à Moscou toutes les évolutions militaires

des

---

*) *Quatre Medecins de la Cour assisterent le Prince de Danemarc dans sa maladie, & Russov en nomme six.*
**) *Voy. Milton history of Russia Lond. 1682. p. 100.*

des armées les plus reguliéres. On voyoit dans cette Capitale des caroſſes à impériale, & des choeurs de Muſique exécutée avec des inſtrumens que les loix eccleſiaſtiques n'avoient jusques là permis que difficilement; il introduiſit l'uſage de porter devant lui les marques de la Souveraineté, le Sceptre, le Globe & l'Epée; il donna le prémier feu d'artifice, & les prémiers bals parés.

Nous arrivons enfin à l'heûreuſe Epoque où la Maiſon de Romanof monta ſur le trône; heûreux préſage d'une révolution qui fera l'admiration de la poſterité, comme elle fait le bonheur & la gloire de la Ruſſie; C'eſt aux loix, aux ſciences, aux lettres, & aux arts qne nous ſommes rédévables de ce bonheur & de cette gloire.

On me diſpenſera d'entrer ici dans des détails que perſonne n'ignore. Toutes les Annales

les de l'Europe en font remplies. Je me bornerai à cette remarque que ce fut la sage politique des prémiers Souverains de cette Maison qui prepara la réforme de l'Etat. Michael Fedorovitz ramena le calme dans son Empire. Alexei Michailovitz avoit toutes les qualités d'un grand Roi. Il attira les étrangers, favorisa le commerce, fit des essais considérables pour les Mines, établit des Manufactures, fit frapper les prémiers Roubles *),

conçut

---

*). Ceux que j'ai vu sont de l'an 7162 (1654). On y voit d'un coté le Tsar à cheval, tenant le Sceptre à la main, & autour le titre ordinaire Божїею Милостїю Государъ Царъ и Великїй Князъ Алексѣи Михаиловичъ Всея Велики и Малыя Росїи: au revers un aigle à deux têtes & aux ailes deployées. En haut on lit Лѣта 7162, & en bas: Рубль.

Il fit aussi frapper des Quarts de Rouble (полполтинники) qui ont la forme triangulaire.

conçut le projet d'avoir des flottes sur la mer Caspienne, établit des postes semblables à celles d'Allemagne *), fit traduire des livres qui traitoient

---

C'est aux Numismatographes à determiner la derivation du mot рубль, *s'il est tatare, ou s'il derive de* рубить, *c. a. d. couper. Ce qui est certain c'est qu'on coupa autrefois les Ecus d'Allemagne en deux & en quatre morceaux, aux quels on apliqua une contre marque. Au reste le mot* рубль *n'est pas de nouvelle date, les chroniques en font mention deja dans le douzième siecle, peutêtre ne designa-t-il qu'un poids, ainsi que Grivna. Il y eut du tems du Tsar Ivan Vasilovitsch des pieces d'or au trés beau coin. Comme elles n'avoient pas cours dans la vie commune & que le Tsar n'en fit present qu'à ceux qu'il honorat de son estime, on pourroit les nommer Medaillons.*

*) *En 1663. Suivant le rapport de Kinderman dans son traité sur le commerce de la Russie les lettres & les Gazettes de Hollande, de Hambourg, & de Cönigsberg arriverent à Moscou*

toient des arts & des sciences, & lut l'histoire d'Alexandre le Grand en sa langue. Il ordonna la réforme des livres d'église, préscrivit des bornes au Patriarchat, fit publier une nouvelle édition de la Bible, une nouvelle compilation de loix. Il fit des alliances avec plusieurs Puissances de l'Europe, avec la France, & l'Espagne, envoya une Ambassade au Grand Duc de Florence, & vit de loin la Grandeur future de sa Maison & de son Empire.

Feodor Alexiévitz aimoit les arts agréables, la poesie & la musique, que Platon met au rang des vertus qui contribuent à la durée des Empires. Il eut un soin particulier des Ecoles, créa plusieurs établissemens utiles au commerce & à la

---

Moscou aussi regulièrement qu'à Stockholm: il ajoute que le Tsar ait fait traduire les Gazettes en Russe. Voy. le Magazin de Busching.

la police; c'est à lui qu'on doit les haras inconnus jusqu'alors. Rien ne fait mieux voir la grandeur de son ame que la préférence qu'il donna au merite sur la naissance. Ce Prince fit brûler les chartres & les priviléges de la noblesse, qui, au préjudice des talens, s'arrogeoit le droit exclusif de parvenir aux honneurs.

Voilà des réflexions préliminaires que j'ai cru capables de preparer le lecteur à l'histoire de la Bibliotheque & du Cabinet de l'Académie des Sciences, histoire dont je ne trace qu'un essai, en attendant qu'une main plus habile arrangeant avec art les precieux materiaux, que nous avons, en compose un édifice digne d'attirer les regards des curieux, & de fixer l'attention des Savants.

J. B.

1. Essai

I.
ESSAI
SUR
L'ORIGINE ET L'ETAT
ACTUEL
DE LA
BIBLIOTHEQUE
IMPERIALE
DE
St. PETERSBOURG.

Rien n'est plus propre à perfectionner les sciences, à faire fleurir les lettres que les ouvrages des savans & des litterateurs. L'assemblage de leurs écrits épars offert à la curiosité publique est un établissement digne des siécles les plus polis, & des Princes les plus illustres. Ces palais connus sous le nom de *Museum* sont le veritable temple des Muses. C'est là que les Citoyens de toutes les classes peuvent puiser les connoissances conformes à leur gout, à leurs talents, à leurs professions, & les répandre de proche en proche dans la Societé. C'est là comme un foyer de lumiére dont les rayons s'étendent au loin, & dissipent les tenebres de l'ignorance & des préjugés. Quel est le peuple barbare qui ait eû une pareille institution? Quelle est la nation éclairée qui n'ait pas eû ses bibliotheques publiques? Faut il remonter aux Siecles les

plus

plus reculés? qui ne connoit celle qui accompagnoit à Thebes le superbe tombeau d'Onosymandas? Athènes, Gnide, Héraclée, Apamée sont fameuses par de pareils établissemens; les Ptolomés surtout, Attale & Euméne éléverent à grands frais le plus beau monument de ce genre aux Lettres & aux Sciences. — Rome comptoit un grand nombre de Bibliotheques, où elle reunissoit & conservoit également les écrits & les images des Philosophes & des Savants. Les Thèrmes d'Agrippe & de Diocletien étoient distingués par les Galeries des livres qu'on y trouvoit. Rome moderne à imité l'exemple de Rome ancienne; Florence, Bologne, la France, l'Angleterre & l'Allemagne ont été leurs émules — & Petersbourg sera compté à l'avenir parmi les villes célébres par la richesse de ses Bibliotheques. Une fondation si utile honora toujours le Prince qui en fût l'Auteur, & par un accord merveilleux, les Souverains les plus illustres ont été contemporains des génies les plus célébres; temoins les siecles d'Alexandre, d'Auguste, les regnes de Medicis, de Louis XIV, & de Pierre le Grand. A ces regnes glorieux là postèrité ajoutera celui
de

de *Catherine Seconde*, dont les belles années feront l'époque la plus brillante & la plus fortunée de l'Empire russe.

Il faut remonter à l'an 1714 pour fixer l'époque de la bibliotheque Impériale de Saint Petersbourg. C'étoit alors que Schoumacher, qui venoit d'être nommé Secretaire de la Chancellerie de Medecine, pour y diriger la correspondance avec les étrangers, fût chargé par l'Archiatre Areskin de remettre en ordre les livres qu'on avoit pris pendant la guerre en Courlande & dans les Provinces conquises, & transportés à Petersbourg peu de tems auparavant. C'est ainsi que Paul Emile vainqueur de Persée fit porter à Rome des livres de ce Roi, les prémiers qu'on vit dans cette Capitale du monde. Tel Sylla après avoir soumis Athénes forma de la multitude de livres qu'il en emporta, une bibliotheque également nombreuse & choisie; Pierre le Grand marcha sur les traces de ces grands hommes.

On

On avoit trouvé à Mitau 2500 Volumes, la plûpart fur la Philofophie & la Théologie. On y joignit quelques livres de medecine & de chymie apportés de Mofcou, & qui aparemment avoient fervi à l'ufage de la Pharmacie de cette Ville.

Les livres furent dépofés dans l'ancien Palais d'Eté où ils refterent jufqu'en 1719. Le nombre s'accrut au point qu'il fallut les tranfporter ailleurs. On choifit pour cela la maifon du Confeiller de l'Amirauté Alexandre Kikin, connu par fa fin tragique; elle eft fituée du coté de la fonderie, & fert à préfent d'églife & de chancellerie au Regiment des gardes à cheval.

Ces agrandiffemens étoient le fruit de l'acquifition des livres du Grand-Maitre d'artillerie le Comte Bruce, de ceux d'Adam Winnius, de Pitkarn & de Palmftrik. Celle qu'on fit des livres de l'Archiatre Robert Areskin fut la plus confidérable. Ces livres fe montérent à 4200 Volumes.

L'Archiatre fût chargé le prémier de la garde de ces livres. Après fa mort Blumentroft prémier

Mede-

Medecin lui succeda. L'Empéreur declara Schoumacher son Bibliothecaire, & l'envoya en cette qualité à Paris en 1722, pour y présenter à l'Académie de la part de Pierre Premier la nouvelle Carte de la Mer Caspienne, & des écrits Tangoutes. Il eût ordre de passer par l'Angleterre, la Hollande & l'Allemagne, & de choisir partout les meilleurs ouvrages, pour en enrichir la Bibliotheque. L'acquisition, qu'elle fit, alla à 300 Volumes.

En 1724 il y entra 484 Volumes des effets du Vice-chancelier Schaffirow. Ce fut la dernière acquisition qu'elle fit sous le regne de Pierre le Grand.

Michel van der Bech dans une lettre adressée à Sam. Koeleser de Keres Eer en 1725 *), où il fait le detail de l'état de la litterature en Russie, parle déja avec les plus grands éloges de notre Bibliotheque, & la met au nombre des plus choisies & des plus nombreuses qui existent.

Son

---

*) Voy. Acta Academiae Naturae Curiosorum T. I. p. 131. Exquisitissimorum librorum delectu

Son illustre Fondateur né pour rendre son pays heureux & triomphant fut trop tôt enlevé aux sciences appellées par ce Heros, & qui s'étoient hâtées d'établir ici leur sejour. Pierre le Grand ne jouit pas de la satisfaction de les voir assemblées dans le Temple qu'il leur avoit consacré.

La Bibliotheque n'avoit pas encore été ouverte au Public. Ce tems arriva. L'Académie des Sciences venoit d'étre établie. Par une ordonnance publiée le 21 Decembre en 1725 l'Impératrice Catherine confirma son établissement. Les fastes de cette illustre Académie datent du 27 Decembre de la même année; année rémarquable par la prémiere assemblée publique qu'elle tint ce jour là. Le

---

lectu & copia nulli inferior Bibliotheca. *Je loue le zele de cet auteur, quoique je ne doute pas que ces expressions ne soient trop flatteuses; la bibliotheque renfermoit de bons ouvrages, mais pour meriter de si beaux titres il lui en manquoit une infinité d'autres; disette qu'il falloit attribuer & à la manière dont elle s'étoit formée, & au peu de tems qu'il y avoit qu'elle existoit.*

Le prémier jour du mois d'Aout de l'année suivante elle tint sa seconde assemblée & la Souveraine daigna l'honorer de Son auguste presence. C'est cette assemblée qui peut être regardée comme l'époque fixe de son établissement. La bibliotheque lui fut reunie dans le même tems, & l'on en permit l'entrée deux fois la semaine à certaines heures. Quelque utile que fût ce reglement, l'usage n'en fut pas moins accompagné d'inconveniens auxquels on ne put d'abord rémedier, l'Academie & les demeures des Academiciens étoient presque à plus de quatre Verstes de la bibliotheque; & s'il en faut croire La Mottraye, qui visita la bibliotheque durant son Sejour à Petersbourg, on n'avoit placé qu'un petit nombre de livres suivant leurs classes, l'espace étroit ou ils étoient en depot n'ayant pas permis de les arranger. En 1728 on les transporta dans le Batiment qu'on avoit construit à ce dessein à Vasili-Ostrov le long de la Neva, & dont Pierre le Grand Lui même avoit aprouvé le plan. L'ouverture de la Bibliotheque se fit le 25 Octobre de la même année, & il fut publié par les Gazettes que l'entrée y seroit libre le

Mardi & le Vendredi depuis deux heures jusqu'à quatre.

La premiére acquisition dont l'Impératrice Catherine gratifia la bibliotheque après le deces de l'Empéreur fut celle des livres qui avoient servi plus particuliérement à l'usage de son illustre Epoux. Ils consistoient en un recueil de Cartes geographiques, de Desseins, de Plans, de livres relatifs à l'Histoire, & à l'Architecture tant civile, que militaire, & navale. Acquisition moins precieuse par la quantité de volumes que par la qualité de son illustre Possesseur, qui en rehausse infiniment le prix, & nous regardons ces ouvrages comme autant de preuves de l'affection, dont ce Monarque a toûjours honoré les lettres.

En 1723 on commença à faire venir des livres de Hollande & l'on y en fit même relier plusieurs. Cela fut continué jusqu'à 1728. Ces livres montoient à un millier de Volumes. Ce fut vers ce tems là que l'Académie établit elle même une Librairie, qui lui fournit chaque année les livres les plus nouveaux.

L'an

L'an 1735 la collection fut de beaucoup augmentée par celle du Veld-Maréchal Comte de Bruce, elle contenoit plus de 1500 Volumes. On y ajouta ceux du D. Policola.

Tant de richesses litteraires ramassées de tous côtés meritoient bien qu'on les rangeat suivant l'ordre des matiéres, & que l'on en fit un Catalogue digne d'être publié. En effet il en parut un en trois Volumes in 8º en 1742. On y a adopté la division générale d'une bibliotheqne en quatre facultés savoir, la Théologie, la jurisprudence, la Medecine, & la Philosophie.

Ce n'est pas que je veuille censurer les fautes des autres si je dis que ce Catalogue ne fut pas fait avec l'ordre & la précision necessaires, & que l'on n'y pas eût assés égard aux Sousdivisions que chaque classe demande. C'est aux inconveniens inséparables des établissemens nouveaux qu'il faut s'en prendre ainsi qu'à la précipitation avec la quelle il a été fait & à d'autres occupations plus serieuses, qui demandoient toute l'attention de ceux qui avoient été chargés de cet arrangement. Le Catalogue est presque toujours resté dans la bibliotheque. Il n'a point été publié. On en garda les Exemplaires qui servirent de present que l'Académie faisoit aux Gens de distinction, aux Etrangers curieux, & aux Amateurs des lettres. Je doute qu'à present on puisse aisement en trouver quelques Exemplaires complets.

Les accroissements que la Bibliotheque a reçus depuis 1742 jusqu'à 1766 se montent à environ 2000 Volumes. Une partie à été achetée des heretiers du D. Messerschmidt, du Professeur Amman, de Paschke, de Chrutschevin, & l'autre lui fut envoyée de Copenhague par le Baron Korf, ou fournie par la Librairie.

En 1738 l'Académie de Portugal lui envoya plusieurs livres Portugais réliés en maroquin, avec les armes du Roi. Un présent venu des pays les plus éloignés ne pouvoit que flatter l'Académie. Elle reçut avec la plus vive satisfaction ces

livres,

livres, les prémiers & les seuls qu'elle eût dans cette langue. On en peut voir la liste à la tête du dixiême Tome des Commentaires de l'Académie de Petersbourg où en même tems on trouve inferées les lettres que les deux Académies s'adrefferent reciproquement.

En 1747 on fit l'achat de la Bibliotheque du Conseiller d'Etat Antoine Rebeyra Sanches, qui nous procura un bon nombre de livres de Medecine & de physique.

La même année fut encore rémarquable pour nous à plusieurs égards. S. A. S. feue Madame la Duchesse d'Anhalt-Zerbst voulut bien nous envoyer la Chronique d'Anhalt en 3 Vol. in fol. composée par Becman, ouvrage magnifique & enrichie d'estampes. Ce qui rend ce livre précieux pour nous c'est la note qu'on lit à la tête, & qui a été écrite de la main même de Son Altesse. Cette Princesse a la bonté de donner à l'Académie les éloges les plus flatteurs. L'Impératrice Elisabeth Petrovna de glorieuse mémoire signa

signa le 24 Juillet un nouveau Réglement de l'Académie, lequel fixa 2000 R. par an pour l'entretien de la bibliotheque & du Cabinet. Penetrée de reconnoissance envers Son Auguste Protectrice, l'Académie alloit jouir de ses bienfaits, lorsqu'un évenement des plus funestes vint l'attrister. Je parle de l'incendie qui survint le 5 Decembre. Le feu commença du côté du midi vers les quatre heures du matin, il prit sous les toits, & gagna bientôt les étages inférieurs. On presume qu'il fut occasionné par une crevasse faite à la cheminée de la chambre ou demeuroit autrefois le Professeur de L'Isle, & qui étoit alors occupée par les garçons graveurs. La Bibliotheque qui étoit rangée dans les appartemens situés du coté opposé n'en souffrit pas de perte considérable. On eût le tems de jetter les livres par les fenêtres. Mais il fallut les ramasser à la hâte, & les transporter dans la maison de Dimidof, qui se trouva heûreusement dans le voisinage, & que par ordre de la Cour ceux qui l'habitoient cedérent au plus vite: àprès bien des obstacles on parvint à les ranger. On plaça dans les chambres

bres du premier étage les livres les mieux reliés de chaque claſſe, le reſte fut tranſporté au troiſiéme; c'eſt ce qui cauſa un déſordre général, auquel il n'y avoit pas moyen de remédier avant que le batiment fût retabli, ce qui n'arriva que vers l'an 1766.

En attendant on s'occupa à dreſſer le Catalogue par ordre alphabetique, & à le mettre au net. Durant cet intervalle qui fut presque de vingt ans la Bibliotheque fit de mediocres acquiſitions. La Librairie ne lui fournit guéres au delà de deux mille Volumes, & ne ſe trouva pas en état d'en donner d'avantage. Il falloit ſubvenir aux frais néceſſaires tant pour rebâtir l'édifice, que pour l'embellir conformement à l'uſage auquel il étoit deſtiné. L'Académie ſe vit donc obligée d'y employer une grande partie de la ſomme que le reglement accordoit à l'entretien de la Bibliotheque.

Il nous vint de l'étranger jusqu'à 150 Volumes, entr'autres le ſuperbe Recueil de coquillages

lages par Regenfus, dont nous gratifia Sa Majesté le Roi de Danemarc, huit Tomes du Catalogue de la Bibliotheque royale de Paris reliés en maroquin, à tranches dorés, & aux armes du Roi, toutes les Oeuvres du Cardinal Quirini, Medallas de las Colonias municipios, e puellos antiquos de Espana par Henrique Flory à Madrid de la part du Marquis Almadovar Envoyé d'Espagne à la Cour de Russie, & enfin Prodro della Antichita d'Ercolano di Ottavio Anton Bayardi pas S. E. Monsieur le Comte Alexandre Sergeitsch Stroganof.

Le reste provenoit des effets de l'Adjoint Kleinfeld, du Professeur Grischou, de Grimmel, & ce qu'il falloit nommer d'àbord du fameux Gramm à Copenhague.

Le batiment retabli la Bibliotheque y fut enfin transportée. La division générale que l'on avoit adoptée resta, mais pour les classes particuliéres on suivit une autre methode. On tacha d'y mettre plus d'ordre, d'avoir égard aux divisions fions & fousdivifions en raffemblant ceux qui traitoient de la même matiére & qui étoient autrefois difperfés. Cependant s'il faut dire la verité, & pourquoi ne pas la dire? des difficultés furvenues les unes àprès les autres ne permirent pas de fuivre le plan, tel qu'on l'avoit formé. Pour contenter le Public empreffé à voir le batiment dans fon premier état, & pour obeir à des ordres réiterés on fe hâta le plus que l'on put. Il falloit d'ailleurs fe prêter au terrain trop peu menagé, delà la neceffité de placer un double rang fur les tablettes des armoires. Un autre obftacle fut que par un vain prejugé l'on voulût plaire aux yeux en offrant à la vue des livres d'une belle relieûre, & en relegant derrière fans égard à l'ordre, ceux qui étoient moins bien reliés.

Dans l'arrangement des livres on n'a point eû égard à la diverfité des langues dans lesquelles ils font compofés. On a feparé les in folio d'avec les in Quarto & ceuxci d'avec les in Octavo.

Il

Il n'en eſt pas de même du Catalogue raiſonné dont on s'occupe; le plan qu'on y ſuit eſt de mettre enſemble les Ouvrages qui traitent les mêmes matiéres, qu'elle que ſoit la forme du Volume dans lequel les Auteurs ont reduit leurs penſées.   La remarque, que pluſieurs Savants ont faite, eſt juſte, qu'en melant ainſi les formats, & en ſuivant l'ordre chronologique dans la diſtribution des ouvrages, on fait l'hiſtoire des Auteurs, celle de leurs découvertes & de leurs ouvrages mêmes.

La Direction de l'Académie confiée en 1767. à un Chef auſſi Ami des lettres que l'eſt S. E. Monſieur le Comte Wolodimer Gregoritſch Orlow n'a pu qu'être un tems favorable à la Bibliotheque. Le nombre de livres qu'il y fit entrer va au delà de mille Volumes, y compris ceux qui ont été envoyés de Moſcou, par quelques Membres étrangers de l'Académie, ou d'autre part: je ne nommerai que le Saluſte traduit en Eſpagnol par l'Infant d'Eſpagne, ouvrage de la plus belle impreſſion, qui confirme ce que les

Nou-

Nouvelles publiques ont marqué de la beauté des Imprimeries Espagnoles.

Mais une autre acquisition, que je n'ai garde de passer sous silence, fut celle qu'elle fit en 1772, & qui surpassa toutes les précédentes. La nombreuse collection de livres gardée jusqu'àlors à Nesvitz, en Lithuanie fut àportée & ajoutée à la notre.

Une chose étonnante, c'est que la guerre partout ailleurs funeste aux sciences, leur est avantageuse en Russie. Elle a favorisé le premier établissement de notre Bibliotheque & lui a procuré la plus grande des augmentations qu'elle ait faites.

Cette Bibliotheque que je viens de citer nous parvint le premier Aôut. Comme il n'y avoit aucun Régître, on se mit incontinent à en faire un.

En 1774 nous furent remis les Manuscrits du fameux Astronome Kepler en XVIII Volumes, qui avoient été jusqu'àlors à Francfourt. Nouvelle preuve de la Protection que Notre Auguste Souveraine accorde aux sciences!

L'agran-

L'agrandiſſement de la Bibliotheque auſſi bien que les changemens eſſentiels qu'on a faits dans toutes les claſſes comme nous l'avons dit, avoit rendu inutiles les Catalogues imprimés. Nous en avons compoſé d'autres, où les livres ſont placés ſelon leur ordre actuel. On les a mis au net & dans chaque Armoire ſe trouve celui qui y apartient. C'eſt ſuivant ces Catalogues qu'on fit le recollement par ordre de Mr. le Comte Orlow à ſon entrée à l'Académie. Les Copies paraphées s'en trouvent à la Commiſſion ainſi que celles du Catalogue général dreſſé par ordre alphabetique. On a eû ſoin d'inſerer entre chaque feuille écrite de ces régîtres une feuille en blanc pour marquer les nouveaux livres qui y entrent.

En 1775 Mr. de Domaſchnew Gentilhomme de la Chambre fut chargé de la Direction de l'Académie. Les ſciences & les lettres applaudirent à ce choix. Les qualités de Son eſprit, & de Son coeur, Ses talents, les ſervices qu'il a eû l'avantage de rendre à la Patrie, les voyages qu'il a faits

aits dans la plus grande partie de l'Europe le rendent également digne de ce poste. La Bibliotheque dont il a plus d'une fois parcouru les detours ur en connoitre mieux l'état, Lui doit des augentations faites recemment.

Il nous reste encor à entretenir le lecteur e l'état intérieur de la Bibliotheque. Notre desein n'est pas d'entrer dans le detail de ses diferentes parties & de leur distribution. Nous somes forcés de convenir que ni le nombre ni le oix des livres ne peut lui meriter de place par les grandes Bibliotheques de l'Europe. Dans classe des Belles Lettres il manque des ouvraes essentiels; l'histoire du Nord, cette partie de litterature que l'on croit peut être la mieux hoisie, n'a pas atteint le degré de perfection, ou on auroit pu la porter, & plusieurs Bibliotheques geres l'emportent beaucoup en cette partie *) ur la nôtre.

Malgré

---

*) Voy. le Mémoire historique de la bibliotheque de Paris, il y est dit: que le Comte Plelo Ambassadeur

Malgré ces defauts, auxquels on pourra facilement remedier, nos tresors litteraires ne laissent pas d'être très confidérables. La claſſe hiſtorique s'y diſtingue, les Antiquités, la ſcience des Medailles, l'Hiſtoire naturelle, les Mathematiques, & l'Hiſtoire de la Litterature forment les claſſes les plus nombreuſes, & ne demandent que de legéres augmentations. Le nombre des Volumes va au delà de 36000, nombre ſuffiſant pour fournir à tout homme de lettres les inſtructions qu'il peut deſirer.

Ce ſeroit abuſer de la patience du lecteur, que de lui rendre compte de l'arrangement particulier

---

baſſadeur de France en Danemarc s'eſt chargé d'y faire acquiſition de tout ce qu'il pourroit trouver touchant la litterature du Nord ancienne & moderne tant eccleſiaſtique que civile, tout ce que regarde l'Hiſtoire naturelle, la juriſprudence & la Philoſophie par raport au Danemarc, à la Norvege, à la Suede & à la Ruſſie; & que pendant deux ans il a fait des envois de ſix à ſept cent volumes manuſcrits & imprimés.

ticulier de chaque faculté & de lui donner le Catalogue des principaux Auteurs. Je me bornerai à citer quelques uns des plus distingués & propres à donner une idée avantageuse de notre Bibliotheque; le choix seul embarasse.

Les premiers sont la *Bibliotheca maxima Patrum* en 27 Tomes, les *Acta Conciliorum* de l'imprimerie du Louvre en 37 Volumes, les Annales de *Baronius* en 38 Volumes, les *Acta Sanctorum* recueillis par *Bolland*, *Heinschius*, *Papebroch* & d'autres en 38 Volumes, les Vies des Papes par *Yllescas* imprimées à Madrid en 4 Vol. in fol. ouvrage que je ne trouve marqué dans aucun Catalogue, les *Hexapla Origenis* par *Montfaucon*, la Bible polyglotte de *Guidon le Yai*, les Bibles traduites dans les dialectes *Arménien* *), *Esclavon* **),
nois,

---

*) *de l'imprimerie de Constantinople en 1705, edition très rare & inconnue au Pere le Long.*

*) *les premieres éditions de la Bible Esclavonne sont de 1581, de 1663 & de 1751.*

E

Polonois *), *Bohemien, Danois, Suedois, Finnois, Estonien, Livonien, Espagnol, Italien* — La Bible *latine* imprimée au Louvre en 8 Vol. in fol. Les Evangiles en langues *Vandalique* **), *Arabe, Georgienne & Malabare,* les mêmes par *Hutterus* en quatorze langues. Le premier Tome de la Bible hebraique par *Kennikot* —— la *Catena Lxx interpretum* in Octateuchum —— *Bibliotheca fratrum uniatorum* — *Canisius, Acherius* —— Alcoranus par *Hinckelman,* le même par *Marraccius.*

Le Corps des Ecrivains de l'histoire *Byzantine* imprimé au Louvre, les historiens de l'Italie rassemblés par *Grevius, Muratori, Facetta, Curusius* — ceux des Gaules & de France par *Pithoeus, Fre-*

---

*) *Les trois rares editions de Brzescie, de Cracovie, & de Danzig.*

**) *de l'an 1557 à Tubingue, c'est le premier livre qui a été imprimé en cette langue, Primus Truberus ayant inventé l'art de l'écrire avec des Caracteres latins.*

reherus, Labbe, du Chesne & Bouquet, ceux
Espagne par Schotti, Pistorius & Beli, historia
los Rios di Castilla par Sendoval, les Annales
la Corona da Aragon par Curita, les Ecrivains
Portugais Souze, de Silva, Menezes Comte de
Vizeira, Coetano de Lima, Joze Barboza; les
Actes d'Angleterre par Rymer & Saunderson en
20 Vol., un recueil complet des Ecrivains qui ont
compilés l'histoire d'Allemagne, la grande collection des Actes de Lunig, de Londorp & de Meier
en plus de 60 Volumes, les Annales de Ferdinand second par le Comte Khevenhuller en 12
Volumes avec un recueil de 211 Portraits des
hommes illustres & contemporains de ce Prince —
Hel, Pray, Dubrov, Balbin, Hagek, Dobner,
Zechored, Lucius, Farlati, Sigonius en 7 Vol. —

Touchant les Auteurs de l'histoire du Nord
n'en citerai que quelques uns des plus rares
ls sont Strikovski, Bielski, Guagnini, Kojalovicz *),
Kocho-

---

*) Le premier Tome de son Histoire de la Lithuanie fut imprimé à Danzig en 1650 & le

E 2 second

Reliure serrée

Kochovski, le Roi *Stanislas* **); les prémieres & rares éditions des Commentaires de *Herberstein* de 1551, de la Description de la Tatarie par N. *Witsen* de 1692, de la Cronique de la Livonie par *Russov* de 1578, *Patricius* du regne du faux Demetrius, *Korbii* Diarium itineris in Moscoviam J. C. N. D. de Guarient, *Patericon* de Nestor traduit en Polonois par *Kossov*, ouvrage que Zaluski nomme *opusculum stupendae raritatis* —— *Snorro Sturleson, Peringskiold, Brocman*, la magnifique Edition de l'histoire de Charles XII par *Nordberg* —— *Huitfeld, Torfaeus, Bering*, la Chronique d'Islande & de Groenlande —— *Schutze, Runav* —

Ajou-

────────────────────

second à Anvers en 1669, c'est la cause qu'on trouve les deux Tomes fort rarement unis ensemble.

*) *Glos wolny wolnosi ubes pieczaiacy* —— est le titre du livre que le Roi publia, il n'en fit imprimer qu'un petit nombre d'Exemplaires, le notre est le même que l'Auteur donna au célèbre Schöpflin.

Ajoutous l'Histoire Armenienne par *Moses* de Chorée, l'Histoire des Dynasties par *Abul Pharagius, Tarichi Taimour,* où histoire de Tamerlan écrite par *Areb Schach* & publiée par *Goius, Kitab dschihan namàe* in fol. ou Theatre du onde par *Tschélébi* enrichi de 37 Cartes gravées e l'imprimerie de Constantinople, un Abregé de éographie du même Auteur avec des Cartes enuminées in 4to., l'Histoire universelle, le grand heatre historique, le *Theatrum Europeum* en 21 ol., la rare Collection des Memorie recon- té & du Mercurio de *Siri* en 26 Vol. in Quarto, e *Diarium Europeum* complet, l'Histoire universelle des voyages, les recueils de ceux de *Rausi*, de *Churchil*, de *Hacluyt*, de *Thevenot* de Edition de 1666 --- les Dictionaires historiques de *oreri*, de *Bayle*, de *Chaufepied*, de *Furetiére*, de *rtiniére*, de *Corneille*, de *Hofman*, de *Buddé*, grand Dictionaire universel de *Leipzig* en 67 olumes, *l'Encyclopedie* de l'Edition de Paris ----- Corps Diplomatique, les Memoires de *Lamberi*, de *Rousset* ------ les Auteurs qui ont écrit sur

E 3   le

le *commerce* & la *police* ⸺ *Opera Kircheri* en 15 Vol., *Cardani Opera* en 10 Vol. fol.

Les Collections d'Antiquités par *Gronovius*, par *Grevius*, *Sallengré*, *Montfaucon*, & le Comte *Caylus*, le *Muſeum Florentinum*, les recueil des monuments antiques tant Grecs que Romains par *Le Roi*, *Barbault*, *Roſſi*, *Maffei*, *Piraneſi*, *Overbec*, *Ruggieri*, *Ciampini* ⸺ les *ruins* (*Palmyra* and Balbec, les ionians Antiquities, les Marbres dans la Gallerie à Dresden, *Galeria Giuſtiniana*, celles de *Dresden*, de *Verſailles* de *Luxembourg*, de *Farneſe* — la magnifique collection royale *d'Eſtampes* en 8 Vol., les *Eſtampes* des plus beaux tableaux de différents Cabinets de France, les *habillements* des nations du Levant, le *Temple* des Mſes, les Batailles du Prince *Eugene*, les *Plans* des Mouvements militaires des Trouppes Saxones au campement de Zaithayn, les oeuvres de van der Meulen, les *Proſpects* de Luneville & de Nancy ⸺ ſ autant de pieces precieuſes qui ſervent d'ornem à notre Bibliotheque.

Les Oeuvres numismatiques de *Spanheim* de *Banduri*, de *Morel*, de *Pedruſi*, de *Vaillant*

de *Begher*, de *Bizot*, de *Koehler*, de *Herrgott*, de *Gori*, de *Mariette*, les Medailles du Regne de Louis XIV. --- le beau recueil des *Pasti* de *Lippert*, --- tous les célébres Auteurs de Diplomatique & des Inscriptions entrent également dans notre collection.

De nos Cartes géographiques & maritimes je ne nommerai que l'Atlas de *Blaeu* & de *Jansson* connu par son extreme rareté, celui de *d'Anville*, & le *Neptune* francois, aux quels se joignent la Topographie de Merian, les grands Theatres de *Savoye*, d'*Italie*, de la *Grande Bretagne*, du *Brabant* ---- la *Suecia antiqua, & hodierna* par le Comte Dahlberg, --- trois volumes de cartes dessinées qui representent les isles & les cotes de l'Amerique & des Indes orientales.

Les Auteurs heraldiques & les livres de Chevalerie termineront cet article. Il suffit d'en citer *Favin*, *Menestrier*, de *Varennes*, *Lopes* de *Hara*, *Anselme*, de *Fourny*, *d'Hozier*, *Yames Yorck*, *Potocki*, *Paprocki*, *Niseiecki*, *Ocolski* ----

& quant à la Chevalerie, *Biſſeus*, *de la Colombiere*, *Bonani*, *Coronelli*, *Heliot*, *Giuſtiani*, *Boſeo*, *Ferreira*, *Pantaleon*, *Vertot*, *Duellius*, *Dithmars*, *Bircherod*. ----

L'Hiſtoire naturelle tant par le nombre des objets qu'elle embraſſe que par celui des Auteurs qui ont écrit ſur cette ſcience & ſes parties différentes, merite une attention particuliére. Auſſi trouveres vous tous ceux que vous recherches. En voici quelques uns pour la Zoologie: *Aldrovald* de edition de Bologne, *Gesner*, *Seba*, *Catesby*, *Renart*, *Pennant*, le ſuperbe Ouvrage Deſcrizione degli Animali da Aleſſandri e Scattaglia *Klein*, *Belon*, *Albin*, *Edvards*, *Buffon*, & la Suite de ſes oiſeaux enluminés, *Briſſon*, *Reaumur*, *Geer*, *Schäffer*, *Roſſel*, *Regenfus*, *Clerc* enluminé par l'Auteur, *d'Argenville*, *Rumph* enluminé ---- *Danubius* illuſtratus, *Rzaczynski*. ---- Pour la Botanique *Bauhinus*, *Rivinus*, *Moriſon*, *Rayus*, *Tournefort*, *Linné*, *Haller*, *Plouqnet*, *Burman*, *Barrelier*, *Sloane*, *Breynius*, du *Hamel*, *Blackwel*, *Miller*, *Hill*, *Knorre* --- le *Hortus Elthamenſis*,

Ei-

Eisletensis de l'Edition de 1613, *Malabaricus*, *Amstelodamensis* enluminé, Romanus, ⸺ Je passe sous silence un grand nombre d'autres ouvrages, & ceux qui sont compris sous le nom de *Museum* & de *Flora*. ⸺

La classe des Mathematiques compte dans chacune des sciences qui en font partie les meilleurs ouvrages tant des Auteurs anciens que modernes, & les plus belles Editions, comme *Opera veterum Mathematicorum* imprimés au Louvre, Sampson à Glasgov, *Pergeus* par Halley, Euclides par Gregorius, Vlugbeigh par Hyde ⸺ les Oeuvres de *Vlacq*, de *Riccioli*, de *Hevelius*, de *Flamsted* ⸺ une Suite des *Ephemerides* des mouvements celestes &c. ⸺

Joignons y les oeuvres d'Architecture, celles des *Vitruves*, des *Michel Anges*, des *Palladio*, des *Rossi*, des *Rubens*, des *Guanini* ⸺ des *Blondel*, des *Briseux* ⸺ des *Goldmans*, des *Deckers* ⸺ l'Architecture Francoise, le Vitruvius *britannicus* & *danicus*: Suivent *Leupold*, *Belidor*, les

Machines approuvées par l'Académie de Paris — tous les *Cahiers* de la description des Arts & des Metiers.

L'Histoire de la Littérature est des plus complettes. Elle renferme les nombreuses collections des Mémoires des Académies, ceux de l'Academie des Sciences, & de celle des Inscriptions & Belles Lettres de Paris, les Transactions philosophiques de *Londres*, les Mémoires des Académies de *Lisbonne*, de *Berlin*, de *Petersbourg*, de *Goettinge*, de *Stockholm*, d'*Upsal*, de *Manheim*, de *Philadelphia*, *Academiae Naturae Curioforum*, des Societés de *Turin* & de *Danzig*, la Collection académique de *Dijon* --- Dans la foule des journaux littéraires il suffit de citer les *Acta Eruditorum* depuis 1682, le Journal des *Savans* depuis 1665, les Memoires de *Trevoux* depuis 1701, le Journal *Encyclopedique*, celui de *Rhozier*, le *Giornal* d'*Italia* --- nombre de Biographies, & de Catalogues ou de Bibliotheques nécessaires à la connoissance des Auteurs & de leurs ouvrages, --- quantité d'Histoires litteraires tant universelles

que

que particulieres des sciences, des arts & de leurs progrés. --- Je ne finirois pas si je voulois entrer dans un detail des ouvrages de la Philologie. Nous nous bornons à quelques observations générales.

Nous ne manquons d'aucun de ces Auteurs que Gellius nomme classiques *) --- Parmi les Ecrivains de l'Histoire Romaine se distingue le beau recueil que nous devons à *Haurisius*, enrichi de medailles 3 Vol. in fol. --- Suit la Collection complette de ceux qui ont été publiés *in usum Delphini* **), ceux *cum notis variorum.* & d'autres

---

*) *E cohorte illa antiquiore vel oratorum aliquis vel poetarum id est* classicus *adsiduusque aliquis scriptor, non proletarius. Lib. XIX. C. 8.*

**) *Bossuet & Huet furent les principaux Auteurs de cette entreprise, dont l'éxecution ne repondit pas tout à fait à l'attente. Huet en decouvre les raisons dans le Commentaire de rebus ad eum pertinentibus p. 290. Nonnulli vel levius quam putabam tincti litteris, vel impatientes laboris, quam mihi commoverant expectationem sui fefellerunt. Les Auteurs qui passent*

76

d'autres publiés par les Savants du premier ordre--
nombre d'Editions rares & eſtimées des Etien-
nes, des Minuces, des Juntas, de Michel Vas-
coni *), du Theatro Scheldoniano. ----

La plus magnifique edition de J. Ceſar eſt celle
de Clarck, notre exemplaire eſt le même qui fut
preſenté à Pierre le Grand en 1717 par de Thoſſe
premier Preſident & premier juge de la Ville de
Calais. La derniére augmentation que la Bibliotheque vient de faire conſiſte en un bon nombre de celles de l'imprimérie de Glasgou.

Finiſſons par les Ecrits, de *Bartollocci*, de
Zanolinus, de *Herbelot*, de *Meninski*, de *Golius*,
de

---

*ſent pour les mieux traités ſont Pline par
Hardouin, les oraiſons de Cicéron par Mero-
vil, T. Live par Doujat, Virgile par la Rue,
Q. Curce par Tellier.*

*) *Sa belle Edition de J. Ceſar, dont nous avons
auſſi un exemplaire, fut vendu cent Florins à
la vente de la Bibliotheque de Menart.*

de *Padosta*, de *Kirsten*, de *Clodius*, de *Fourmont*, de *Ludolf*, d'*Angelus à Joseph*, de *Schulz*, — par les Glossaires de *Du Cange*, de *Lhuyd*, de *Spelman*, de *Baxter*, de *Wachter*, de *Haltaus*, d'*Ihre*, par les Dictionaires celtiques de *Pelletier*, de *Bullet* —

Je ne dirai qu'un mot des livres qui traitent de la Jurisprudence. Ils renferment les meilleures editions du *Corpus Juris* tant *civil* que *canon*, les Decisions & les Commentaires des plus celebres Jurisconsultes, les loix municipales, & celles des principaux Etats de l'Europe, entre autres de Suede, de Pologne, de Brandenbourg, de Saxe — enfin un ample recueil d'Auteurs qui ont eclairci le droit public d'Allemagne.

A l'égard des livres de Medecine & des différentes sciences qui la forment, il s'y trouvent de splendides & rares ouvrages. *Hipocrates* en 13 Vol. *Galenus* en 5 Vol., *Avicenm* en Arabe de l'imprimérie du Cardinal Ferdinand de Medicis, deux autres éditions rares du même Auteur de 1564 & de 1608. *Abubetrus Rhaza, Oribosius,*

bofius, — *Bidlov, Cowper, Cheffeldin, Euftachius, Albin, Camper, Smellie,* — *Boerhave, Haller, van Swieten, Gorter.* —

Nous avons été forcés par la quantité des objets, qui s'offroient, d'être plus longs que nous ne l'avions projettés. On voit par ce qu'on vient de lire que la Bibliotheque, telle qu'elle eft à prefent, n'eft pas la moindre de celles qui font dans le Nord, & qu'avec le tems elle obtiendra fans doute une place parmi les Bibliotheques les plus fameufes de l'Europe.

Quant aux livres du 15me fiecle que la curiofité plutôt que leur merite fait rechercher le nombre n'en eft pas grand. En voici la lifte pour ne rien dérober à la curiofité du lecteur.

Speculum hiftoriale fratris *Vincencii* im-
   preffum per Johannem Mentellin fol.   1473.
Diogenes Laertius de vitis Philofophorum,
   Venetiis per Nicolaum Jenfon gallicum 4°.   1475.
Rudimentum noviciorum in urbe Lubicana
   per Lucas Brandis.   -   1475.

M.

M. *Annei Lucani* Pharsalia. Venet. per Guerinum. fol. - - 1477.

Jacobi de Voragine Lombardica historia f. Legendae Sanctorum. Nuremberge per Koburger. fol. - - 1481.

iblia Sacra. fol. - - 1482.

ab. *Judeus* [de nativitatibus, & magistralis compositio astrolabii Henrici Bate. Venetiis per Erhard. Robdolt. 4º. 1485.

latina de Vitis Pontificum per Magistrum Joh. Vercellensem. fol. - 1485.

Vitae S. Patrum. fol. - 1485.

igestum vetus Venet. per Andr. Papief. f. 1486.

uidonis de Columna historia destructionis Troje in civitate argentina. fol. 1486.

storia Alexandri Magni regis Macedonie de preliis *) - - 1486.

Biblia

---

*) Ce même livre se trouve à Harlem relié ensemble avec le fameux speculum salutis, ce qu'on pourra regarder comme une marque de sa rareté. V. les Voyages d'Uffenbach. T. III.

Biblia sacra. fol. - - 1486.

Lectura *Nicolai Abatis Siculi* super secunda & tertia parte secundi libri Decretalium Basilae per Joh. de Amerbach. fol. 1487.

Fasciculus temporum omnes antiquorum cronicas complectens. 4º. - 1490.

Valerii Martialis epigrammata cum Comment. Caldevini Mediolani per Udalr. Scinzenzeler. fol. - 1490.

Opusculum sphericum *Joannis de Sacro busto, Joannis de monte regis* Disputationes contra Cremonensia in planetarum theoricas deliramenta, & *Georgii Purbachii* theoriae novae planetarum. Venetiis. 4º. - -. 1490.

Biblia sacra. Basilee per Joh. Froben de Hamelburck. 8o. - - 1491.

Insigne opus de epidemia compositum a fratre *Soldo.* Florent. 4º. - 1491.

Digestum vetus cum summariis doctorum. Venet. per Andr. Thoresan. de Asula. f. 1491.

Abdilaci id est servi gloriosi Dei qui dicitur Alchabitius magisterium judiciorum astrorum cum Commento Joh. de Saxone, Venet. per Johannem & Gregorum de Forlivio. 4o. - - 1491.

Diogenes Laertius, Venetiis per Pelegrinum de Pasqualibus. fol. - 1493.

Wilh. Duranti divinorum officiorum rationale, Nuremberge per Antonium Koburger. fol. - - 1493.

Decretales cum Summariis suis, Nuremberge per Ant. Koburger. fol. - 1493.

Biblia vulgar historiata stampata nel Venetia per Maestro Guiglielmo da trino di Montferato nominato anima mia. fol. 1493.

Regimen Sanitatis metrice conscriptum cum multis aphorismis, Col. 4o. - 1494.

Astrolabium planum in tabulis ascendens continens qualibet hora atque minuto equationes domorum celi, moramque nati in utero matris, cum tractatu nativitatum, nec non horas inequales pro quolibet climate mundi, Venet. per Joh. Emericum de Spira Alemannum. 4o. 1494.

F   Practica

Practica *Valefci de thuranta* qui alias Philonium dicitur, Lugd. 4°. - 1494

Digeſtum novum, Venetiis per Bernard de Tridino de monte ferrato. fol. - 1494

Strabo de fitu orbis, Venet. per Joh. Vercellenſem. fol. - - 1494

Opus infortiati, Venet. par le même. fol. 1495.

Codex. fol - - 1495.

Antonini Summa, Argentine per Joh. Gruninger. fol. - - 1496.

——— tres partes hiſtoriales, per Nicol. Keſſer. fol. - - 1496.

Jordani Elementa arithmetica, *Jacobi Fabri* Stapulenſis Elementa muſicalia, ejusd. epitome in libros arithmeticos Severini Boeci, Arithmimachie ludus, Parrhiſii per Joh. Higmanum & Volfg. Hopilium. 4°. - - 1496.

Ariſtotelis Libri phyſicorum octo, de celo & mundo quatuor, & parva naturalia cum Comment. Alberti, Colonie per Quentel. 4°. - - 1497.

Divi

Divi Isidori Hispalensis Opus ethimologia-
rum, Parrhisii opera Georgii Wolf &
Thiel. Kerver. 4º.   -   1499.

rgareta Decreti s. Tabula Marchinia-
na Decreti, Argentine. fol.   -   1499.

Parmi les pieces rares que nous avons, on
emarque *l'Histoire de Jesus Christ* en figures
mprimée sur des planches de bois dont on se
ervoit, comme font encore aujourd'hui les Chi-
ois, avant que l'on eût inventé l'art de l'Im-
rimerie avec des lettres mobiles. Clement lui
onne la préference sur un livre pareillement ra-
connu sous le nom du Miroir du salut hu-
ain (*speculum salvationis humanae*) mais dif-
érent du notre, & Schelhorn qui en fait la de-
cription dans ses *amoenitates litterariae* T. 4. le
omme un precieux monument de l'antiquité
pographique. Il consiste en quarante feuilles
quarto, qui ne sont imprimées que d'un co-
é en sorte qu'il se rencontre toûjours deux pages
lanches vis à vis l'une de l'autre. Chaque pa-
e est divisée en trois parties ou colomnes, celle

F 2   du

du milieu represente une histoire de la Vie de Jesus Christ, & les deux autres des histoires de l'ancien Testament qui en sont les types. Au dessus de ces figures on lit des passages tirés de la Bible, lesquels en donnent l'explication. De plus au haut & au bas de chaque figure il y a des versets pris des Pseaumes de David ou des Propheties, & qui ont raport à l'histoire.

Pour les Manuscrits anciens, qui sont le plus bel ornement des autres Bibliotheques, ils manquent à la notre. Les grecs que nous possedons sont *Denis l'Areopagite*, *Philon*, le premier du dixieme, le second du onzieme siecle, animadversiones *Nicolai Cursulae in Physica Aristotelis*, *Galeni ars medendi*, *Compendium historiae Michaelis Glycae* du 15me siecle. Les latins sont un *Digeste*, quelques Traités astrologiques de *Massahellah*, d'*Albumasar*, d'*Alfrayanus*, d'*Alcubizus*, de *Thebit*, une Histoire naturelle de *Pline* d'une ecriture parfaitement belle, tous sur du velin, & une *historia Lombardica* sur du papier.

Parmi les modernes il n'y a que ceuxci qui meritent quelque attention.

Pr. *Cantemiri* Desciprio Moldaviae.
—— Historia de incrementis & decrementis Aulae Ottomannicae.
exicon Sinicum en 26 Volumes composé & ecrit par feu le Professeur *Bayer*
Geographia Mangjurica & *Mongalica* cum longitudinibus & latitudinibus locorum e mappis Sinicis par *le même*.
males *Ruthenici* ou Extraits des Chroniques Russes par *le même*.
abur Mahmah s. historia Monarchae Indo Mongolici Baburi trad: d'un Manuscrit tatare par feu le Professeur Kehr.
Doroth: Alimari Bellona recens armis excitata, opus universa campestris militiae munia complectens dicatum Petro Primo 1699.
ttres & relations d'un Ministre étranger à la Cour de France depuis 1640 jusqu'à 1655.
Du Vernoy sur le gouvernement de la santé des enfans à la mammelle.

Papiers du Baron *Huyſſen*.

En allemand il y a

La Chronique de Pruſſe par *David*.

L'Hiſtoire généalogique des Tatars trad: du Manuſcrit tatare par le Prof. *Kehr*.

Hiſtoire de la Livonie par *Hiarne, Clood, Lode, Brandis* & *Neuſtadt*.

Buſſov des troubles arrivés en Ruſſie après la mort du Tſar Fedor Ivanovitſch.

Hiſtoire & la vie des Ducs de Courlande par *Weigand* av. fig.

Journal du voyage de Petersbourg à Peking en 1725 fait par un Officier qui fut à la Suite de l'Envoyé Sawa Jagouſchinski av. fig.

Journal & d'autres Ecrits de *Meſſerſchmid*.

Junker des Salines av. fig.

Voyage de *Libenau* en Europe & en Aſie depuis 1570 jusqu'à 1590.

Le Conſulte de gli Animali.

Littera di confidenta di Filippo IV. al Conte Ognati Vice Re di Napoli.

Rela-

Relazione della morte fatta dare della Regina di Suetia al Marchese Monadelschi, & defesa del Marchese.

Corsi di Penna sopra la stato d'Europa sub fine dell anne 1661.

Pratica del modo di procedere nelle caose spettanti al santo officio.

Relazione della stato, e governo dal Gran Duca di Toscana &.

Mais la Bibliotheque se vante d'un tresor qui l'emporte sur les plus precieux Manuscrits. Je veux parler des matériaux qui ont servi à composer l'Instruction adressée aux Deputés de la Commission des loix, matériaux recueillis & mis en ordre par Sa Majesté, qui les a écrits de Sa propre main: eternel monument du genie legislateur de cette admirable Princesse, de Sa sagesse qui s'etend sur toutes les parties de l'administration, & de Ses soins maternels qui n'ont pour objet que la felicité publique. La posterité admirera le plan de cette Instruction, & en effet il n'y a rien de plus grand dans notre siecle, rien de plus

digne

digne d'être religieusement conservé. Les Curieux qui visitent la Bibliotheque l'empresseut à les démander, ils les examinent, j'ose le dire, avec un saint respect: les etrangers surtout les regardent avec surprise, ils ne se lassent point de les parcourir, & leur etonnement echange en admiration, quand ils lisent ces magnifiques paroles dignes d'être gravées sur l'airain:

„ Nous souhaitons d'agir avec Nos sujets
„ avec candeur, avec franchise, avec confiance,
„ & voilà les regles qui Nous rendent leger l'im-
„ mense fardeau de l'Empire ——— Nous souhai-
„ tons de voir Notre peuple heureux, riche &
„ content; le plus bel attribut de Souverain est
„ de mettre son peuple dans cette situation. ———
„ Toutes les citations faites dans ce Cahier des
„ exemples & coutumes de diverses nations ne
„ doivent faire d'autres effets que celui de Nous
„ laisser le choix des moyens de rendre Notre
„ peuple le plus humainement parfait & heureux
„ que possible. Car à Dieu ne plaise qu'apr'
„ que cette legislation sera achevée il y ait un
„ na-

,, nation plus juste & par conséquent plus flo-
,, rissante sur la terre; le but de Nos loix au-
,, roit été manqué, à quoi je ne souhaite pas
,, de survivre.

Que nous sommes heureux! (& que la po-
stérité enviera notre sort!) de vivre sous cette
Auguste Princesse que Ses peuples regardent moins
comme leur Souveraine, que comme une Mère
dont la tendresse & la sollicitude a les yeux toujours ouverts sur les progrès de Ses Enfants.

La seconde division de la Bibliotheque est
celle qui comprend les livres Russes. Les prémiers en cette langue dont nos regîtres fassent
mention sont ceux qui furent transportés en 1729
de la Cour, ou l'on les avoit trouvés dans le
Garde-meuble (казонна) de Pierre le Grand, &
de la Tsarewna Natalie Alexiewna, & dans le com-
toir de dessein (Чертѣжная палата). Ils étoient
au nombre de 600 Volumes tant imprimés que
manuscrits, y compris les doubles.

Pendant l'intervalle d'environ quinze ans
tte collection ne fit aucune augmentation rémarquable.

quable. La principale fe borna aux Manufcrits qu'elle tira de la Bibliotheque de l'Archevéque Theophanes, & à ceux que nous envoya le Confeiller privé Tatifchew.

Le Catalogue en fut imprimé en 1742. Il n'y a dans ce Catalogue que 394 Volumes d'imprimés d'une part & de l'autre 333 Manufcrits. Il y en eut 50 de perdus dans l'incendie de l'an 1747. Ce n'eft que depuis 1748 qu'on s'occupa d'avantage du foin de les augmenter. On en acheta à Mofcou en différentes fois, plufieurs particuliers envoyerent des livres & des Manufcrits, & le refte fut fourni par la librairie; il fut enjoint à l'imprimérie de remettre un Exemplaire de chaque livre qui s'y imprime. Le fucces a bien repondu au foin qu'on s'eft donné, car on y compte actuellement 1860 livres imprimés fans y compris les doubles, & 500 Manufcrits.

L'acquifition qu'elle fit en 1774 merite d'avoir placé ici. Ce furent les Priéres faites en action de grace de la victoire remportée à Poul-

tava

tava avec des corrections & d'autres changements de la Main de Pierre le Grand. Monument respectable de la pieté de ce Heros que l'Impératrice glorieusement regnante a jugé digne d'étre conservé dans le depot public & placé à coté d'un Dictionaire de marine auſſi revu & corrigé par ce Souverain.

Les diverſes augmentations que les livres Ruſſes ont reçus depuis l'impreſſion du Catalogue ont exigé qu'on en fit de nouveaux, qui ſont placés dans chaque claſſe à l'endroit qui convient.

Les livres eccleſiaſtiques, ſous lesquels nous comprenons la Bible & ſes différentes parties, les Saints Peres, les Rituels, les Miſſels & autres livres de liturgie, vont à 600 Volumes. Il y en a de fort rares, ceux entr'autres qui ont été imprimés avant le réforme de Nicon, ſont trés recherchés.

Le plus ancien des livres imprimés en langue eſclavonne, & ſuivant les recherches, que j'ai faites ſur cette matiére, le premier peutêtre

qui

qui exiſte, eſt un *Pentateuque* in quarto, inconnu à Maittaire & à le Long. Ce monument precieux mérite que le lecteur s'y arrête quelques moments. Le Titre en eſt:

Бивлїя руска выложена Доктором Франциском Скориною изславнаго Града Полоцька, Богу почти и Людем посполитым к доброму наученїю.

c'eſt à dire: Bible Ruſſe traduite par le Docteur François Scorino natif de la grande Ville de Polotzk, en l'honneur de Dieu, & à l'inſtruction du public. A la fin on lit: докананы суть пятые книги Моисеави еже Евреи называются Елгадворим. А по грѣчески Девтерономось. По латине же Секунда лексь Мойси. По руски пакь вторый закон. Божїю помощїю. По вѣленїем и пильностїю ученаго мужа в лекарских Науках Доктора Францыска Скорины Сполоцка. У великом месте Празском. По воплощенїи Слова Божїя. С пречистое Девица Марїи Лѣт 1519 года. c'eſt à dire: Ici finiſſent les cinq livres de Moiſe qu'on nomme en hebreu Elgadworim, en grec Deuteronomos,

en latin Lex secunda, en russe Вторыи Законъ. A l'aide de Dieu, par ordre & par les soins du Docteur François Scorino de Polotzk homme savant dans les sciences de la Medecine, dans la grande Ville de Prague, après l'incarnation du verbe de Dieu par la Sainte Vierge 1519. Je dis Prague, & je me fonde sur des livres bohémiens qui designent cette ville par la même expression, *wMieste Praszkem*.

Il est imprimé sur de bon papier, en très beaux caractéres Cyrouliques, avec peu ou point d'abbreviations, touchant l'orthographe je remarque qu'à la fin des mots au dessus de la Consonne on a souvent placé deux points au lieu de Jere.

La seconde page du titre est ornée d'une figure, qui represente les anges combattants avec les esprits infernaux, & au dessus d'eux la sainte Trinité sous la forme d'un vieillard à trois visages, levant la main comme pour donner la bénédiction, & auquel les anges offrent des couronnes. A la tête de chaque livre se trouve une preface, & au

dessus

deſſus des chapitres, qui ne ſont pas diviſés par des verſets, eſt un ſommaire du contenu. Pluſieurs figures gravées en bois, des lettres capitales, & des vignettes y ſervent d'ornement. Malgré toutes mes recherches Je n'ai rien pu decouvrir touchant l'Auteur François Scorini *), tout ce que je ſais, c'eſt que cet Ecrivain eſt le même qui a paraphraſé les quatre livres de Chroniques de la Bible, & traduit les Actes des Apotres qui ſont imprimés en 1517 à Vilna in 8o., ouvrages que l'on garde, ſi je me ſouviens bien, à la Bibliotheque Patriarchale de Moſcou.

La traduction eſt faite d'àpres la Vulgate. Voici quelques paſſages tirés du premier livre de Moiſe, à fin que les curieux jugent de la traduction je les copierai de la Bible de 1663, & de celle de 1751, pour que le lecteur en les confrontant puiſſe en voir la différence.

Edit.

---

*) *Le fameux ſocinien Budny s'eſt ſervi de cette traduction en traduiſant la Bible en Polonois. Ringeltaube dans ſes Mémoires ſur les Bibles polonoiſes.*

Edit. de 1519.	Edit. de 1663.
Gen. 3. Вражду положу посреди тебе и жены, и посреди семенемъ твоимъ и семенемъ тое. Она сотретъ главу твою, а ты льститися будеши къ пяте Ея.	И Вражду положу посредѣ тебе и посредѣ жены, и посредѣ сѣменемъ твоимъ и посредѣ тоя. То тебѣ блюдетъ главу, и ты блюдеши ему пяту.
— И рече съ Адамъ бысть яко единъ отъ насъ зная добро и зло.	И рече Богъ: се Адамъ бысть яко единъ отъ насъ, еже разумѣти добро и лукаво
4 И рече Господь къ нему прочто разгневался есь и чему спаде лице твое. Аще убо добро будеши чинити приимешь, паки-же зло то скоро во- две-	И рече Господь Богъ Каину: что оскорбленъ былъ еси, и вскую испаде лице твое. Не убо аще праведно принесе ми, правъ же не приносиши. Со-

дверехъ грѣхъ твой предъ тобою будетъ. Но подъ мощно твоею будутъ жадости твое и ты обладаеши ими.

Gen.49. Не отимется достойность царева отъ Іуды, и ни князь отъ бедръ его. Донеле придетъ онъ же посылаемъ есть, и той будетъ чаяние народомъ. Будеши привязая ко винограду осля свое и къ кореню винному сыну мои ослицу свою. Спереши во винѣ ризу свою, и въ крови гроздовѣ одежу свою. Краснѣйши суть очи его на вино; и бѣлѣйши зубы его надъ млеко.

Согрѣшилъ еси умолкни, къ тебѣ обращеніе его, и ты тѣмъ обладаеши.

И не скончается князь отъ Іуды, ни старѣйшина отъ чреслъ его, дондеже пріидетъ намѣненіе ему, и той чаяніе языкомъ. Привязая къ винограду осля свое, и винничію осличищъ свой, исперетъ ризы своя виномъ, и въ крови гроздовѣ одежду свою. Веселы очи ему отъ вина, и бѣлы зубы его паче млека.

Edi

Edit: de 1751.

И вражду положу между тобою, и между женою, и между семенемъ твоимъ, и между семенемъ тоя: Той твою блюсти будетъ главу, и ты блюсти будеши его пяту.

И рече Богъ: се Адамъ бысть яко единъ отъ насъ еже разумѣти доброе и лукавое.

И рече Господь Богъ Каїну: вскую прискорбенъ былъ еси, и вскую испаде лице твое. Еда, аще право принеслъ еси, право же не раздѣлилъ еси, не согрѣшилъ ли еси; умолкни, къ тебѣ обращенїе его, и ты тѣмъ обладаеши.

Не оскудѣетъ Князь отъ Іуды, и вождь отъ чреслъ его, дондеже прїидутъ отложеная ему: и той чаянїе языковъ. Привязуяй къ лозѣ жребя свое, и къ виничїю жребца осляте своего: Исдеретъ виномъ одежду свою и кровїю гроздїя одѣянїе свое. Радостотворны очи его паче вина, и бѣлы зубы его паче млека.

G

Après

Après ce Pentateuque vient l'*Apoſtol*, c'eſt à dire les Actes & les Epitres des Apôtres, ouvrage de la derniére rareté, & le prémier livre imprimé à Moſcou en 1564 du tems du Tſar Ivan Waſilovitſch. C'eſt par l'effet du hazard que la Bibliotheque reçut cet exemplaire, un Soldat l'ayant trouvé en 1730 le remit à l'Académie. Les caracteres auſſi bien que le papier ſont très beaux, le dernier eſt ſans doute de celui que les Anglois y avoient apporté. Le Tſar dans cette belle entrepriſe ne ſe ſervit que de nationaux dont les noms meritent d'être connus de la poſterité. C'eſt pourquoi il ne ſera par hors de propos d'ajouter ici un mandement mis à la fin de ce livre, qui en raconte les principales circonſtances. *Berger* en a deja inſeré une traduction allemande dans ſon traité *de religione Moſcovitica*, mais l'original y eſt defiguré. En voici une plus fidelle

Par la volonté du Pere, par l'aſſiſtance du Fils & par l'opération du Saint Eſprit. Par ordre du Tſar orthodoxe & Grand Duc de toutes les Ruſſies Ivan Waſſilovitſch, & par la benédiction du tres vénérable Metropo-

tropolitain de toutes les Russies Macar on vient de batir plusieurs églises tant dans la Residence de Moscou, dans ses environs & dans toutes les villes de la Russie, que principalement dans la ville de Casan nouvellement éclairée, & dans les pays qui l'environnent; lesquelles églises le Tsar orthodoxe a orné de vénérables images, de saints livres, de meubles, d'habillements & d'autres choses appartenantes au culte divin, suivant les traditions & les regles des Apôtres & des Peres bien heûreux, & suivant les ordonnances des Empéreurs Grecs d'heureuse mémoire, qui ont regné à Constantinople, de Constantin le Grand, de Justinien, de Michel, de Theodore & d'autres pieux Princes. C'est de la même maniére que le Tsar orthodoxe & Grand Duc de toutes les Russies a ordonné qu'on achetât aux marchés publics des livres saints, comme les Pseaumes, les Evangiles, les Actes & les Epitres des Apotres avec plusieurs autres, & qu'on en distribuât aux Eglises;

mais

mais il n'y en avoit qu'un trés petit nombre de bons dont on pût faire usage, l[es] autres étant falsifiés & defigurés par l'ignorance & la maladresse des copistes. [A] peine le Tsar en a-t-il été informé qu'[il] a pensé aux moyens de faire imprimer da[ns] ses états des livres tels qu'on en avoit [en] Grece, à Venise ou en Phrygie & ches d'a[u]tres nations, pour qu'on puisse avoir à l'a[ve]nir des livres saints plus corrects. Il [a] decouvert ses pensées au très vénérable M[e]tropolitain de toutes les Russies. Ce Sai[nt] homme l'ayant entendu s'en est rejoui re[n]dant grace â Dieu & declarant au Tsar, qu[i] eût à regarder cette pensée comme un pre[]sent envoyé du ciel. Déslors par ord[re du] Tsar & sous la benédiction du Metrop[oli]tain en l'an du monde 7061 (1553) & [le] 30me de son regne on a fait des reche[r]ches sur la maniere d'imprimer des livre[s] ensuite le Tsar orthodoxe a fait batir à [ses] frais une maison qu'il a destinée à l'i[m]primérie, & a fourni sur le tresor publ[ic] au aux ouvriers Ivan Fedor Diacre de l'églife du miraculeux Nicolas de Goftun, & Pierre Timoféew Mftislavzov une fomme fuffifante tant pour les frais de l'imprimérie que pour leur propre entretien, jusqu'à ce que l'ouvrage ait été achevé. C'eft le 19ᵐᵉ Avril, jour anniverfaire du bien heûreux Pere Ivan Palevret, & l'an du monde 7071 (1563) que l'on a commencé l'impreffion du prefent livre qui contient les Actes des Apotres, les Epitres catholiques avec celles de S. Paul; on a fini de l'imprimer le 1 Mars de l'an du monde 7072 (1564) qui a été le premier du miniftere de l'Archéveque & Metropolitain Athanafe; en l'hohneur de la toute puiffante & vivifiante Trinité du Pere, du Fils, & du Saint Efprit. Amen.

J'y joins les deux premiéres éditions de la Bile efclavonne, celle d'Oftrog qui a paru en 1581*),

&

---

*) *Kohl dans fa* hiftoria litteraria Slavorum *dit que pendant fon fejour à Petersbourg il n'en a jamais pu voir un feul exemplaire.*

& celle de Moscou en 1663, éditions pareillement rares & trés difficiles à avoir.

En faisant mention des imprimeries esclavonnes je remarquerai qu'outre cellesci il y en avoit plusieurs autres. Le lecteur peutêtre ne me saura pas mauvais gré de lui en communiquer une liste. Il verra dans une même table le premier des livres sortis de chaque imprimerie, ou le plus ancien qui soit venu à ma connoissance

Années	Ouvrages	Imprimeries
1491.	Псалтирь.	Cracovie.
1517.	Апостоль	Vilna.
1519.	пять книгъ Мойсѣевыхъ	Prague.
1527.	Катихизисъ	Venise *).
1562.	Катихисисъ	Nesvitz.
		1564

---

*) Je dois la notice de ce livre à Reichards Staat von Rusland; la Bibliotheque possede deux autres anciens livres de l'imprimerie de Venise Канонникъ de l'an 1547, & наука Христианская Канисія de 1583.

1564. -	Апостолъ	-	Moscou *).
1581. -	Библїя	-	Ostrog **).
1591. -	Граммашика	-	Lwow ***).
			1604.

---

*) Pendant les 32 Années suivantes il n'y eut d'imprimés que trois livres. Plusieurs historiens etrangers & russes raportent que cette imprimérie fut entièrement détruite par les Polonois dans les troubles qui suivirent la mort du faux Demetrius, & que le Tsar Michaile Fedrovitsch en 1644 en etablit une nouvelle. Je doute de la verité du fait, du moins j'ai en main des livres qui ont été imprimés à Moscou en 1606, 1614, 1616, 1618, 1619 & dans les années suivantes. Mais je trouve des livres imprimés à la типографїа верхная sur quoi je n'ai pas les éclaircissements nécessaires. Peut être cette imprimérie etoit elle dans le Creml pour l'usage particulier de la Cour. Le premier livre qui en est sorti est un Букварь, elle existoit encor en 1686.

**) Elle commenca déja en 1549. Il y a quatre livres de cette imprimerie à la Bibliotheque, elle cessa aparement 1689.

***) Son commencement fut en 1586.

1604. - Служебникъ - Striatina.
1606. - Евангелїе воскре-
сное - Galitz.
1617. - Служебникъ - Mohilow.
1618. - Максима Грека сло-
во - Potschaev.
1618. - Трифологїонъ - Kiew.
1619. - Евангелїе - Rochmanow.
1628. - Катихизисъ - Stockholm.
1632. - Новыи Завѣтъ - Kuteinskoi Monastir.
1647. - о подраженїи Хри-
стовѣ - Delskoi Monastir.
1658. - Часословъ - Iverskoi Monastir.
1670. - Чудеса Богородицы
Черниговской - Tschernigow.
1692. - Зерцало Богослово-
словїй. - Vnevskoi Monastir.
1696. - Грамматика. - Oxford.
1699. - Веденїе въ Исто-
рїю. - Amsterdam.
1707. Cette année fut l'époque ou l'on introduisit dans l'imprimérie de Moscou de nouvelles lettres (гражданские Литеря) fondues

dues à Amsterdam, & préférables aux Cyrouliques dont on s'étoit servi jusqu'àlors. Le premier livre imprimé de ces lettres fut прїклады какъ пишутся комплементы *).

1709. Un particulier à Moscou nommé Wasili Koupriakow établit une imprimérie qui mit au jour Брюсова Календарь.

1711. Pierre le Grand fit transporter de Moscou une partie de la nouvelle imprimérie **) à Petersbourg pour y faire publier les Oukases. Le premier livre que j'ai vu de cette imprimérie est Марсова Книга de l'an 1713, & les Gazettes de 1714.

1719.

---

*) Feu le Professeur Trediacovski dans ses разговорь se plaint de n'avoir jamais pu trouver ce livre. Il est à la Bibliotheque comme aussi les deux autres editions qu'on en a faites en 1712 & 1725.

**) Elle dependoit des lors de la оруженная канцелярїя, & après du saint synode.

106

1719. Le Senat eût la fienne, le premier livre, qui en fortit, fut un recueil d'Oukafes publiés depuis 1714. jusqu'à 1719.

1720. On établit une imprimérie au Couvent de S. Alexandre Nevski. Ce qu'on y vit paroitre le premier fut un Букварь & un Sermon de Theophanes.

1724. Il en eût une pour le College de l'Amirauté, qui publia трїгонометрїа плоская.

1727. L'Academie des fciences vint à bout d'avoir la fienne propre, le premier eſſais en furent des Gazettes *).

1735. Le Saint fynode eut auſſi la fienne.

Sans parler de celles qu'on vient d'etablir dans les derniéres années, je ne fais que la remarque générale que les plus célébres impriméries tachent d'avoir des caractéres ruſſes.

Il

---

*) *Les Difcours lus à la premiére aſſemblée de l'Academie en 1725, quoiqu'ils portent le nom de Petersbourg fur le frontifpice, furent imprimés à Reval.*

Il n'y a rien qui l'emporte sur la rareté des livres imprimés en caractéres glagolites. Ce sont originairement les Cyrouliques, mais tous defigurés par les copistes, qui s'aviserent de les enjoliver en y ajoutant des traits & des ornemens superflus, & consequement tres difficiles à lire. La Bibliotheque n'en a que deux, les seuls peut être qu'on puisse trouver en Russie. L'un contient la Confession de foi d'Augsbourg, l'autre les Epitres des Apotres, & l'Apocalypse en langue Croate qui est du dialecte esclavon. Ce sont les restes de l'imprimérie de Tubingue que le Baron Ungnad y établit en 1562. Son existence fut de peu de durée, & le petit nombre de livres qui en sortirent fut enlevé & supprimé en Autriche.

Nos Manuscrits esclavons ne remontent pas au delà du 13me siecle; Le plus ancien sont les Vies des Saints du mois d'Avril écrites sur du velin en 6806

---

*) *Voyés* Frischii Programmata *de* origine caracteris Slovonci, & Valvasors Ehre des Herzogthums Crain.

6806 (1298) du tems de l'archevêque Joan & du Posadnik Alexandre. A la fin on lit:

Въ лѣто 6806го написана бысть минѣя сіи къ Рождеству Христову на сѣни по велѣніемъ Архїепископа Владыцѣ Ивана при посадницѣ Александрѣ Цари, вто время послана новогородци заволокъ рать, а писалъ Григорь Ярославецъ

Ceux du 14me siecle sont:

Евангеліе напрестольное sur du velin & dont les lettres versales sont rouges, il est de l'an 6825 (1317) du tems du Grand Duc Ivan Danilovitsch & du Metropolitain de Moscou Pierre. On lit à la fin: Въ лѣто 6825 списаны быша книги сія рабу Божію Благовѣрному и Христолюбивому Пантелеимону Мартыновичу азъ грѣшный рабъ Иескапоповичь а кудѣ буду опсался или условѣхъ нану строкахъ кдѣ авы господо отци и благодѣля и справяче чтите а не кляните аминь

Минія четь ou les Vies des Saints du mois de Mars sur du velin écrites du tems du Metropolitain Ephraim l'an 6851 (1343): à la fin on voit

voit écrit : Въ лѣто 6851 написана бысь книга сія. По велѣніемъ Боголюдиваго преосвященнаго Архіепископа Великаго Нова града владыцѣ Евѳиміа и положена бысь въ церкви святаво Асофіа въ славу Богу. А господару нашему преосвященному Архіепископу владыцѣ Евѳимію дай Богъ ему здравіе и спасеніе и отданіе души Грѣховъ.

Denis l'Areopagite sur du Papier traduit du grec par le Moine Isaie, en 6879 (1371)

Ephraim Syrus sur du velin, écrit à Perejaslavl du tems du Grand Duc Dmitri Ivanovitsch & du Metropolitain Alexei en 6885 (1377) : à la fin :

Въ лѣто 6885 написаны быша книги сія вдохновенья рекомыю Ефремъ по житію прежебывшихъ святыхъ отецъ по реченіемъ и мудростію и откровеніемъ святыхъ книгъ писанни, а писаны быша сія книги святому Архіерею отцю Николѣ на болото въ Богохраннмѣмъ градѣ Переяславлѣ а при велицемъ и благородніемъ Князи Дмитріи Ивановичѣ Всея русіи и при братѣ его при князѣ Владимірѣ.

мирѣ Андреївичѣ и при Архїепископѣ Алексѣй Митрополитѣ всея россїи а стяженїемъ раба Божїю богомольца Дмитрїя игумена общежителя яже о Христѣ съ братьею, а рукою маломощнаго а многогрѣшнаго и недостойнаго человѣка раба Божїю дьяка Алексѣйка. Сеже азъ грѣшный, неразумный рабъ Божїй дьякъ Алексѣико нарѣцаемый владычка окушахся написати сїя книги худъ имѣя разумъ, неимѣя ума добра къ покаянїю. Аки древо вкуса и ни вѣтромъ колеблемо.

Октоихъ de l'an 6895 (1387) sur du papier.

Евангелїе напрестольное sur du velin de l'an 6900 (1392) du tems du Grand Duc Wasili Dmitrievitsch & du Metropolitain Cyprien, d'un trés bel oustav avec des figures enluminées à la tête de chaque livre, & des lettres capitales joliment peintes & dorées. A la fin: пїсано сїе святое Евангелїе на пергаментѣ въ бытность преподобнаго отца нашего Сергїя чудотворца лѣта отъ Адама 6900 при великомъ Князѣ Василье Дмитрїевиче и при Митрополитѣ Кипрїане Московскомъ.

Il y en a plusieurs autres Manuscrits tres vieux sur du velin, auxquels je joins la vie de Josaphat Prince Indien, celle du miraculeux Sergei, celle d'Alexandre le Grand en figures, mais je n'en ose pas exactement déterminer la date; d'autres plus modernes se font remarquer par des figures, des lettres & des vignettes d'un tres beau dessein & d'une dorure parfaitement belle; comme p. e. la traduction des Commentaires sur les Pseaumes par Bruno Evéque de Wurzbourg.

Quant aux Manuscrits qui regardent proprement l'histoire de la Russie la Bibliotheque est bien riche. Les plus importans sont les *Annales de Nestor* & de ses continuateurs, enrichies de figures. Notre exemplaire, quoiqu'on ne puisse determiner au juste le tems où il a été écrit, sse pour le plus ancien que l'on connoisse. Il isoit autrefois partie de la Bibliotheque du Prince islas Radzivil, d'ou il a pris le nom de *Codex dzivilianus*, puis de celle de Cönigsberg, d'ou est entré dans la notre. Pierre le Grand en

avoit

avoit fait faire en 1713 une copie que nous gardons auſſi.

On ſait que Neſtor fut Moine du Couvent de Petzerich a Kiov, il vivoit dans le onziéme & douziéme ſiecle. Après avoir ébauché le premier état du monde, il donne une deſcription géographique de la Ruſſie & des pays contigus; delà il paſſe aux Eſclavons, décrit leurs emigrations en deça du Danube, leurs diſperſions, & enfin leurs établiſſements dans les contrées ou ils ont vecu juſqu'à preſent. Il ne touche que legérement les Ougres & Petſcheneges qui paſſerent par la Ruſſie ſans s'y établir. L'hiſtoire qu'il donne en ſuite de la Ruſſie commence à la naiſſance de cet Etat, c'eſt à dire à 858, & va juſqu'à 1115, en obſervant exactement l'ordre chronologique. Parmi ſes continuateurs juſqu'à 1206 il n'y a de connu que *Sylveſtre*. Les ſavantes recherches de Mrs. *Tatitſchew Muller* & *Schlözer* ſur Neſtor & l'exactitude de ſes Annales ſont trop connues pour que je m'étende d'avantage la deſſus *).

On

---

*) *Le plus ancien exemplaire de Neſtor paroit être celui que Tatitſchew trouva en Siberie écrit ſur*

On les a publié en 1767, & il en parut en 1774 une traduction allemande, qui malheureusement ne rend pas toujours le sens & la naivité de l'original.

Nous avons d'autres annales distinguées par leurs dénominations particuliéres, qui sont le *Codex Hepaticus* *) qui est du 13me siecle, le *Woscresenicus*, & l'*Alatiricus* continués jusqu'en 1347, le *Novogrodicus* continué jusqu'à 1441., le *Patriarchalis* qui va jusqu'en 1556, le *Niconianus* qui va jusqu'en 1630 & le *Sophianus* qui va jusqu'en 1646 **).

Je

---

sur du velin; à Moscou il y en a un qui, dit on, a été écrit en 1386.

*) *Le Tome 6me de la Bibliotheque historique de Gatterer en donne une notice assés exacte.*

**) *Les différentes dénominations leur viennent pour la plûpart des Couvents dans lesquels ils ont été gardés ou écrits. Le Niconianus a reçu la sienne de la note suivante que le Patriarche*

114

Je n'ose assurer que ces chroniques soient autant de copies faites sur les annales de Nestor,
mais

---

triarche Nicon y a mise de sa propre main au bas des premieres feuilles: лѣта 1661 сїю книгу положилъ въ домъ Святаго живоноснаго Воскресенїя Господа Бога и Спаса нашего Іисуса Христа, новаго Іерусалима, смиренный Никонъ, Божїею милостїю Патрїархъ. А кто восхощетъ ю усвоити якожъ Ахарь сынъ Хармїевъ; или утаить якожъ Ананїя и Сапфира: да отъ иметъ отъ него Господь Богъ Святую свою милость, и затворитъ двери Святыхъ щедротъ своихъ, и да прїидетъ на него не благословеніе и клятва и казнь Божїя душебная и телесная, вынѣшнемъ вѣцѣ и въ будущемъ вѣчная мука. А кто сїе писанїе какимъ злымъ умышленїемъ испишетъ отъ книги сея; да испишетъ его имя Господь Богъ отъ книги животныя. C'est à dire: L'année 1661 l'humble Nicon Patriarche par la grace de Dieu déposa ce livre au Couvent de la sainte & vivifiante resurrection de notre Seigneur & Sauveur Jesus Christ, à la nouvelle Jerusalem. Si quelqu'un ose le voler, comme fit
autre-

mais il n'y a aucun doute que leurs auteurs n'y ayent puisé la plûpart des faits qu'ils raportent, ce qui se confirme par l'accord parfait qui se trouve souvent entre leurs récits, & qui est tel au commencement que jusqu'aux termes & aux expressions tout se ressemble.

Tous ces Manuscrits sont écrits sur de bon papier, quelques uns le sont sur du papier poli. Leur format est l'in folio, excepté le *Novogrodicus* qui est in 8º. Le *Patriarchalis* surpasse les autres tant pour la grandeur que pour la beauté du papier & des caracteres. Leur idiome est l'esclavon

---

autrefois Achar fils de Charme, ou le cacher comme firent Ananias & Saphire, que le Seigneur Dieu le prive de sa sainte faveur & qu'il lui ferme les portes de sa sainte misericorde, qu'il le maudisse & le frape des punitions divines spirituelles & temporelles, & des tourments eternels dans cette vie & dans l'autre. Si quelqu'un en veut faire des extraits dans une mauvaise intention, que le Seigneur Dieu efface son nom du livre de vie.

sclavon, le même qu'on trouve dans les livres d'Eglise, & dans lequel la Bible a été traduite.

Nos richesses ne se bornent pas à ces Manuscrits qu'on vient de nommer. La Bibliotheqne possede encor plusieurs autres chroniques. Les unes comprennent toute l'histoire de la Russie, d'autres comme celle de Novgorod, de Plescou, de l'Ucraine, de Casan, d'Astracan, de Siberie n'ont pour objet que des principautés separées, quelques-unes se bornent à des faits particuliers & à des évenements mémorables, à des expéditions militaires, à la vie ou à la chronologie des Grands Ducs, d'autres enfin n'offrent que des descriptions géographiques. Une autre chronique connue sous le nom de Царственои Лѣтописец est toute en figures enluminées au nombre de 3300; elles representent les évenements passés depuis 1254 jusqu'en 1423.

Viennent les степенные книги livres de degrés. Notre dépôt en garde six. Ils sont composés suivant les degrès de la succession & de

la

la parenté des anciens Grands Ducs en ligne descendante, de maniere que plusieurs successeurs qui etoient au même degré de parenté collaterale ne forment qu'un degré, au lieu que chaque Prince qui descendoit en ligne droite du Grand Duc, auquel il succeda, fait un degré separé. On en compte dix sept depuis le Grand Duc Wolodimer jusqu'au Tsar Ivan Wasilovitsch. Chaque degré fait le contenu d'un livre, & chaque livre est subdivisé en chapitres. C'est le Metropolitain Cyprien qui s'est servi le premier de cette maniere de composer l'histoire; le Metropolitain Macar l'a continué en suivant le même plan. On pourroit regarder ces livres comme autant d'extraits des chroniques; quelque fidelle que soit l'exposé des évenements & des circonstances qui les accompagnent, on reproche aux Auteurs qu'ils sont moins portés à y observer l'ordre chronologique qu'attachés à raconter les affaires qui concernent l'eglise, & les miracles operés par les Saints.

Nous avons en suite plusieurs Chronographes. Leur principal objet est l'histoire sacrée ainſi que celle des quatre Monarchies, tirée de Cedrenus, de Zonaras, de Scylitzes, de Nicephoras & de quelques autres ecrivains Byzantins, & continuée jusqu'à la priſe de Conſtantinople. L'hiſtoire ruſſe jusqu'à cet évenement n'y eſt inſerée qu'en abregé & en paſſant, ſelon que la connexion des matieres le demande. Ce n'eſt que depuis la chute de l'Empire grec qu'elle y eſt traitée plus amplement, quoique moins en detail, que dans les annales. Ils ſont partagés par chapitres & ont été écrits par des Moines.

Les родословные Книги ne ſont que des chartres, des documens, & des tables généalogiques des familles nobles, dreſſées pour découvrir leur ancienneté, pour déterminer les droits & les prérogatives, dont elles jouiſſoient, & pour démontrer les ſervices importans qu'elles avoient rendues à la patrie.

Toute la nobleſſe avoit les ſiennes, ou tâcha de les avoir. Ceux qui pouvoient prouver l'ancienneté de leurs familles furent nommés родословные Люди. Ces chartres & ces tables

généalogiques après avoir été confirmées par ordre des Grands Ducs ont donnée naiſſance à ces родословные книги. La Bibliotheque en poſſede cinq. Les розрядные книги ont beaucoup de raport avec les précédens. Le premier tribunal qu'il y eût avant l'établiſſement du Senat fut le розрядъ, du quel dépendoit toute la nobleſſe & en général tous ceux qui étoient au ſervice. Il décidoit toutes les diſputes, qui ſurvenoient touchant la préſéance, ou les prérogatives que les familles s'arrogoient l'une au prejudice de l'autre, ou auxquelles elles prétendoient d'aſpirer. Les déciſions, décrets, & autres écrits de ce tribunal, dont les familles ſe faiſoient donner des extraits ou des copies, furent l'origine de ces livres. On ſait que pour terminer les diferends continuels qu'il y eût entre les familles, le Tſar Fedor Alexéevitſch fit apporter devant le розрядъ tous les розрядные книги, & ordonna de les y bruler. C'eſt ce qui les a rendu très rares. Il s'en trouve quatre à la Bibliotheque. On peut les conſulter avec avantage quand il s'agit de déterminer les circonſtances particuliéres d'un fait de quelque expédition militaire, d'une ambassade, ou de quelques autres missions, ou de faire l'éloge des familles & des actions éclatantes, par lesquelles elles se sont signalées.

Joignons à ceuxci deux recueils de moindre conséquence à la verité mais qui meritent à plusieurs égards notre attention. Le premier en 16 Volumes in folio consiste en Memoires, qui concernent les négociations des Ministres de Pierre le Grand depuis l'année 1711 jusqu'à 1716. L'autre en 30 Volumes renferme des raports, rélations, & lettres originales envoyées au Prince Menschikoff pendant les années 1703 jusqu'à 1717. Ces piéces pourront servir à verifier ou à éclaircir des faits, qui ont du raport à l'histoire de l'Empéreur, ou de ses jours.

L'Article des Manuscrits en langues orientales ne m'arêtera pas, leur nombre n'étant pas considérable.

Les principaux sont des *Alcorans.*

Surestil Kàgph ou recueil de passages tirés de l'Alcoran avec l'explication.

Quelques livres de priéres, tous en caracteres d'une beauté parfaite.

Be-

Bemuschkati enwàr ou de l'arrivée du Prophéte.
Kitâb il teharet ou traité de cérémonies religieuses, fur tout du lavement de la tête, des mains & des pieds ufité avant la priere.
Liugàt Achteri ou Dictionaire en langues arabe & turque.
Dschabir Machtar ou Dictionaire arabe & tatare.
Scheich ibn hadschibi ou Grammaire arabe.
Min Scherch il Kaebir ou Remarques fur la grammaire.
Ilmi mean ou Principes de la rhetorique.
Kitàb Sikri chanàn tiorkiuftàn, ou hiftoire des Khans de Turqueftan, en langue perfane.
Chamfei Nefami Contes en vers perfanes. — —
Deux Manufcrits Tatares: *Háfa in Kitar Schafaré Turki* ou hiftoire généalogique des Khans tatarès, compofée par Abul Gafi Bagadur Khan.
Kafas ou Hiftoire univerfelle jusqu'à Mahomed.
Une chronique *Georgienne* en langue georgienne.

Quelques feuilles de palmier fort liffes fur la furface des quelles fans les percer font formés des caracteres malabares avec un ftilet pointu.

H 5   La

La Bibliotheqne est abondament pourvue d'écrits Tangoutes & Mongoles avec des caracteres dorés, argentés, & noirs; mais faute de connoitre ces langues on n'a pas des notions asses étendues sur ces écrits. Depuis quelque tems l'Académie entretient parmi ces peuples un étudiant russe pour aprendre la langue.

Quantité de ces papiers furent envoyés de Siberie en 1720, on les y avoit trouvés à Ablainkied temple ancien bati au bord de l'Irtisch par le Taïscha Ablai, & détruit par son frere, qui l'en chassa avec sa horde. Le reste de ces écrits a été ramassé par Mr. le Conseiller d'Etat *Müller* & Mr. le Professeur *Pallas*, pendant leur séjour en Siberie; les seuls peutêtre qui soient en état d'aporter des éclaircissemens solides sur l'histoire de ces peuples. Ce sont ces mêmes écrits dont Pierre le Grand envoya quelques feuilles à Paris pour en demander l'explication à l'Académie des sciences; les celébrés Fourmont se chargérent de les déchifrer, & crurent être enfin venu à bout de les traduire en latin. L'Abé Bignon envoya à l'Empereur cette traduction avec une
lettre

lettre. Nous gardons ces deux piéces originales. La lettre a été deja publiée par Mr. le Conseiller d'Etat *Muller* dans son traité *de litteris Tanguticis*, qui se trouve dans le dixiéme Tome des Memoires de l'Academie de Petersbourg; mais cet ouvrage n'étant pas à la portée de tout le monde on me pardonnera si je l'insére ici.

Sire!

Je suis penetré de la plus parfaite reconnoissance de l'extreme honneur qu'il a plu à Votre Majesté de me faire en m'envoyant l'année derniére par le Sieur Schoumacher votre Bibliothecaire une feuille tirée d'un des livres qui ont été trouvés au pays des Calmuks. Si j'ai differé si long temps à Vous en rendre mes très humbles actions de graces, c'est que j'ai cru que Votre Majesté seroit bien aise qu'en la remerciant je lui rendisse en même temps, un compte exact de ce qui regarde ce Manuscrit. Il etoit assez difficile, Sire, de reconnoitre seulement des caracteres que nos

Sçavans

Sçavans n'avoient point encore vûs jusqu'icy; & sans les differens Interpretes en toutes langues, que, sur mes tres humbles prieres, le Roi a attachez à sa Bibliotheque, j'avoue à Votre Majesté qu'il auroit été presque impossible d'y reussir. A force de recherches enfin nous avons decouvert un Dictionaire en langue latine & en langue de Thibet, aiant les mêmes caracteres que ceux de la feuille qui m'avoit été remise par ordre de Votre Majesté. Par ce secours il nous a été permis de penetrer dans cette espece de Mysteres, ou d'expliquer l'Enigme, si j'ose me servir de cette expression. Nous ne nous flattons pas d'avoir entiérement levé le voile, ni d'avoir tout éclairci. Le Dictionaire dont j'ai l'honneur de vous parler, Sire, n'aiant été fait que fort à la legere par un voyageur, il y manque un grand nombre de mots & de phrases, sans lesquelles il n'est pas possibile de suivre parfaitement un discours étendu. Cependant après bien

des

des reflexions, nos Interpretes y ont trouvé une espece de sens, & il n'est pas à douter qu'ils n'allassent beaucoup plus loin, s'ils avoient un plus grand nombre d'ouvrages. Votre Majesté pourra se convaincre par elle même de la justesse de leurs observations par la copie figurée que je me donne l'honneur de lui envoier. Elle y verra les caracteres inconnus auparavant, rendus par des caracteres des langues vulgaires de nos pays, & au dessous l'explication môt à môt de ces mêmes caracteres en latin. A coté, est ce que nous avons appellé le sens, qui est plustost une Paraphrase qu'une traduction fidelle. Nous avons cru devoir en agir ainsi à cause de la grande obscurité du Texte. Si cet échantillon avoit le bonheur de plaire à Votre Majesté, Elle pourra dans la suite nous rendre plus habiles, & par consequent plus en état de faire par nos progrés dans ces connoissances quelque chose de plus digne de lui être presenté. Le Public Sire en profitera sous

vos

vos augustes auspices: car je m'assure que dans ce grand nombre de Manuscripts qui suivant les nouvelles repandues en Europe, ont été trouvés dans vos Etats d'Asie, il y en aura quelques-uns qui regarderont l'histoire de ces Contrées, ignorée jusqu'à present. Si cela étoit, nous avons tous lieu de nous flatter, que Votre Majesté daignera nous en faire part. Elle suit trop bien les traces de Cesar par la rapidité & la multitude de ses conquestes, pour ne pas imiter encore ce premier Empereur des Romains dans son amour pour les lettres & pour les sciences, & la France sera toujours charmée de Vous devoir tout ce qui pourra contribuer à leur lustre & à leur avancement. En mon particulier rempli de la plus haute admiration, & plein du plus profond respect, je vous supplie tres humblement de permettre que j'aie l'honneur de me dire

Sire

de Paris le premier Fevrier 1723.

deVotre Majesté
le trés humble & tres
obeissant Serviteur
L'abbé Bignon.

Quel-

127

Quelque peine que ces savants se fussent don[né], Mr. *Muller* decouvrit après que la traduction [n'é]toit rien moins que fidelle. Qu'il me soit per[mi]s d'ajouter encor une remarque. L'écriture [T]angoute est regardée par les Calmoucs & les [M]ongoles comme la langue sainte, dont les Prêtres [fon]t usage dans les livres qui regardent le culte di[vi]n, ou dans les poesies & les priéres adressées à [leu]rs divinités dont le nombre va à l'infini. Elle [se] lit comme les autres écritures Europeennes de gauche à la droite, mais elle demande beaucoup [d'ap]plication par raport aux voyelles qu'on met au [dess]us & au dessous des consonnes. Les Tangou[tes] au reste outre ce caractere sacré se servent en[core] d'une écriture plus usitée parmi les laiques [qu']ils appellent akchôur, & de l'écriture cursive [qui] differe encore beaucoup de cette derniére. Il [n']en est pas ainsi de la langue ordinaire des Mongo[les] qu'on lit de haut en bas, & qui differe à un tel [poi]nt de l'écriture moderne en usage parmi les [Ca]lmoucs, que ces derniers ne sauroient la lire [mal]gré l'identité de la langue & la ressemblance des [cara]cteres. L'écriture Manschoure familiére aux

Chinois

Chinois ressemble à la Mongole, elle se lit de haut en bas, & il y a plusieurs traits communs aux deux langues, mais quant au fond elle en differe entiérement. Nous avons plusieurs de ces écrits comme aussi des planches gravées en relief dont les Mongoles & les Tibetans depuis un tems immémorial font usage pour imprimer leurs priéres & leurs livres sacrés.

Quant aux livres Chinois, que leur rareté en Europe a fait ranger dans la classe des Manuscrits, la Bibliotheque compte 202 portefeuilles qui en renferment près de 2800 Volumes. Qu'il me soit permis de faire au sujet de ces livres la remarque suivante. Ce sont des Volumes ordinairement asses minces de papier de soie ou de l'écorce de bambou extrémement deliée. Ils ne sont que brochés, mais la brochure est faite de telle sorte que ce qui est la tranche dans nos livres fait le dos dans les livres chinois, parceque la feuille étant seulement imprimée d'un coté & en deux pages, il faut que le milieu plié soit en dehors pour être dans son vrai sens, autrement les

pages

pages d'un livre seroient moitié en blanc, & moitié imprimées. Ces volumes se mettent en plus grande ou en moindre quantité dans des portefeuilles ou enveloppes couvertes d'étoffe. Ainsi lorsqu'on compte ces livres par le nombre des volumes il peut être très grand, mais il n'en est pas de même quand on les compte par portefeuilles.

Les premiers qui entrerent dans la Bibliotheque furent ceux que le Sieur Lange cidevant Résident de la Russie à la cour du Khan nous en aporta en 1730, de la part des Missionaires Jesuites a Peking. Il y en avoit 82 Volumes en 8 porte-feuilles. Nous devons les autres envois à ces mêmes Peres.

Le catalogue en a été dressé par feu *Rossochin* & Mr. *Leontjew* Secretaire au College des affaires étrangéres, tous deux ayant éte plusieurs années dans la Chine. Comme il n'y a encore rien de publié touchant ces livres je ne saurois mieux finir ce memoire qu'en presentant au lecteur

cteur la traduction de la principale partie de ce regître.

Livres philosophiques.

Kun d si d sia guin Dialogues du célébre Philosophe *Kun phu dsi.*

Pensées du sage Mandarin *de Pei* sur l'immortalité de l'ame.

Reflexions du Philosophe *Lou dsi ja* sur différentes matieres.

Man chan si schu	Maximes
Schu d sin	morales
U d sin	&
Bu juan schi dsin	politiques.
Nii dschi win	Apophthegmes
Sai li d sin i	&
He jan	Remarques
Sin li	philoso-
Sin li d sin i	phiques.
Liu d sin	Principes
j tu d sae	des
j d sin	Etudes.

Siu

Siu Sio Instruction pour la jeunesse.

Min hun Schi Poesies des plus fameux auteurs.

Man ehan Zian d si win Poesies qui consistent en mille mots.

Ho ji ho tsche Reflexions sur les moyens de bien gouverner l'Etat.

Dschun zi dschen kou Reglement pour la guerre.

U d sin San dsi l'Art de la guerre.

in fa Ruses de guerre.

se lae Devoirs des gens d'epée & de robe.

Nun dschen zjuan Schu Instruction touchant le labourage & d'autres travaux de campagne, & la fauconnerie.

igures qui representent la maniére de semer le bled, de pêcher & de traiter les vers à soie.

bin sin tu dsan les Vie des anciens philosophes chinois.

in dsi Kau Table de rangs.

bu d sin   Loix &
bi d sin   Regle-
dsi dzjuan   ments.

Livres historiques & géographiques.

Ghan mu Annales de l'Empire 95 Vol.

Tun sjan Histoire universelle & chronologique 116 Vol.

Cha fu buleku Abregé de l'histoire de la Chine 80 Vol.

Li dai nian biou ancienne chronique avec des tables généalogiques des familles des Khans 32 Vol.

Schi dsi ancienne chronique de la Chine.

Min Schi Histoire complette de la Dynastie *Dai min* 110 Vol.

Histoire de la Dynastie des *Tcheou*.
- - - des *Han*.
- - - des *Ai schin*.
- - - des *Dai juan*.
- des Dynasties des *Tang*, des *Sum*, des *Liou*, des *Juan*, & des *Tsian* en 8 Tom.

Pan gu schi Histoire de tous les Khans en Chine

Nan Schi Histoire des Dynasties qui ont regné dans les provinces meridionales de la Chine en 2 T.

Bii schi Histoire des Dynasties qui ont regné da les provinces septentrionales de la Chine en 5 T.

Li schi hang dsian histoire de plusieurs Dynasties.

Dscha kun gu tun d schi Histoire des Manschoures & de leur gouvernement *) 117 Vol.

Journal de la guerre avec les *Sengorzi* & les *Mongoles.* 5 T.

Voyage d'un Envoyé Chinois au Khan Ajouka par la Siberie. **)

Schui chu Histoire de 108 voleurs de grands chemins pendant le regne de la Dynastie des Sang.

in schan len jan histoire de deux Philosophes & de deux filles savantes.

Histoire de l'illustre *Dschan schende.*

Tun dschi Géographie ancienne de la Chine. 68 Vol.

ai zin i tun dschi Géographie nouvelle de toute la Chine enrichie de cartes. 100 Vol.

uiu dschi i tun dschi Description géographique de la Chine & des pais adjacents. 4 Tomes.

Chuan

---

*) Ce livre à été traduit en russe & vient d'être imprimé.

**) V. *Russische Sammlungen* T. I. p. 327, & les observations de Souciet T. I. p. 143.

Chuan i juu piou Abregé de la Géographie 4 Tom.
Atlas de la Chine en 32 Cartes.
Vn autre de 22 Cartes.
Schi wo dscheu sin Carte de postes par tont l'Empire.

Livres mathematiques.

Li sian kou   Elemens
i sian d schi   d'astro-
Chun tian i scho   no-
Tian win da schin   mie.

Representation des spheres & des globes celestes & d'autres instruments qui servent à l'astronomie.

Dsia dsi description du zodiaque.

i sian kou Atlas de cartes astronomiques.

Sin d sin suan fa Elemens de Géometrie.

Suan fa Principes de l'architecture.

Livres de medecine.

Bin zou gan Abregé de l'histoire naturelle, enrichi de figures qui representent des animaux, plantes & des racines.

Introduction à la Medecine par *Dschan schi ia.*

Principes de la medecine par *Li schi za ja.*

Dsian dschi da tschin Introduction à l'anatomie.

Bin zou min wan Description de plusieurs remedes & de leur usage.

Wai ko dschen dsin la science de guerir les maladies externes.

Tu schu ma dsui Recherches sur le pouls.

Livres de Philologie.

Kan si dzi dian. 6 Tom.	Dictio-
Chai pian.	naires
Fin i d si chui.	chi-
dschen sitan Tschu dsi. 4 T.	nois.
zin win dsian.	

Dictionaire Manschouré avec la traduction chinoise. 6 Tomes.

Dictionaire Mongole avec la traduction Manschoure.

Grammaire Manschoure.

La plûpart de nos livres sont rangés dans deux grandes salles & une galerie, dont chacune à 77 pieds de longeur sur 49 de large. Celle d'enbas est voutée, les fenetres des deux cotés y repandent une lumiére suffisante, les armoires de bois de chene garnies de portes d'une grillage de fil d'archal sont placées le long des murailles & autour des pilliers, qui en soutiennent la masse. La salle au dessus est une piece parfaitement eclairée, pavée de marbre bleu & blanc, avec une balustrade distribuée tout au tour, qui sert de soc à des colonnes, qui portent la gallerie qui regne autour de cette salle. Cette gallerie qui est aussi eclairée & ornée de mêmes armoires qu'en bas est occupée par les livres russes, chinois & tangoutes.

C'est le President ou le Directeur de l'Académie qui est chargé de la direction immediate de la Bibliotheque; ceux qui veillent à ce precieux depot sont le Bibliothecaire & sous ses yeux le Sous-Bibliothecaire.

Schou-

Schoumacher qui occupa le premier le poſte de Bibliothecaire s'en acquita plus de 35 ans. Après ſa mort, qui arriva en 1761, le ſous-Bibliothecaire & Conſeiller de College Taubert, qui deja depuis pluſieurs années dirigea la diſpoſition de la Bibliotheque, fut nommé par Sa Majeſté Bibliothecaire. A ſa mort arrivée en 1772. S. E. Mr. le Comte Orlow en confia l'inſpection en chef à Mr. l'Académicien & Profeſſeur *Kotelnikoff*, & nomma Sous-Bibliothecaire l'Adjoint *Bacmeiſter* qui eſt attaché à la Bibliotheque depuis une vingtaine d'années.

La rigueur d'hyver ne permet guere l'uſage de la Bibliotheque aux étrangers, mais pendant la belle ſaiſon l'entrée n'eſt refuſée à perſonne. Quiconque aime la lecture y trouve tout ce qu'il peut démander, & ce dont il peut avoir beſoin, tant pour lire à ſon aiſe, que pour extraire & tranſcrire ce qu'il lui plait. Les Académiciens prennent chés eux les livres qui leur ſont neceſſaires en donnant un récépiſſe; & ſelon le reglement

glement ils les peuvent garder un mois. Quant aux étrangers on est plus circonspect. Le Sous-Bibliothecaire se trouve reguliérement tous les matin à la Bibliotheque, afin de pouvoir remplir les devoirs que lui impose sa fonction.

Je ne puis finir ce memoire sans y ajouter quelques remarques que leur liaison avec mon sujet paroit rendre necessaires.

Il y a peut-être plus de Bibliotheques en Russie que l'on ne l'imagine. Quel riche & precieux depot n'est pas gardé au Palais Impérial! Chaque seminaire a la sienne relative aux sciences qu'on y cultive. Celle du couvent de S. Alexandre-Nevski l'emporte sur les autres tant par le choix que par le nombre. Vous y trouvez les meilleurs ouvrages latins principalement des auteurs protestants, qui regardent la Théologie, la Philosophie & en partie l'Histoire. Je me rappelle d'y avoir vu le Corps des Ecrivains

de

de l'hiftoire Byzantine edition de Venife en 31 Vol., les Actes de Conciles en 17, les oeuvres de Chryfoftome en 13, celles d'Auguftin en 10, celles de Wolf en 28, celles d'Erafme en 10 Vol. &c. fans parler des manufcrits en langue efclavonne.

Le feminaire du couvent de S. Antoine à Novogorod acquit prefque entiérement le bean recueil que l'Archevéque Theophanes avoit ramaffé.

La Bibliotheque du Synode cidévant nommée la patriarchale merite d'étre comptée au nombre de tant d'autres monuments refpectables que renferme la Ville de Mofcou. Outre 550 manufcrits ruffes qui s'y trouvent elle eft très riche en manufcrits grecs; Celui des St. Evangiles, le plus ancien peut-être qu'on connoiffe, ceux du N. T. dont trois écrits en caracteres quarrés font du 7me. & du 8me fiecle, y occupent la premiere place. Parmi les explications du N. T. on diftingue

140

stingue celle qui a pour Auteur *Euthymius* *) *Zegebenus*. Viennent les vies des Saints, les oeuvres de Chrysostome, celles de Basile le grand, de Gregoire Nazianzene, enfin les collections des Canons & les Actes des conciles, les Rituels de l'Eglise grecque.

La plûpart de ces Manuscrits viennent des couvents du mont Athos, de celui de S. Athanase, de Batopede, de Denis, de Pantocrator, de Xeropotame, d'Esphigmene, de Philothé, de Stavronicete & de celui des Ibériens. Quelques uns sont de la Bibliotheque de Jean Baptiste Rosar Medecin à Venise; l'Evêque de Cythere Maxime Margune les acheta & les remit au couvent des Ibériens.

Le reste fut envoyé par le Patriarche de Jerusalem Dosithé & par d'autres Ecclesiastiques.

L'a-

---

*) *Il fut Moine à Constantinople du tems de l'Empereur Alexei Commenes, par ordre duquel il écrit* panoplia dogmatica.

L'anecdote rapportée par Arnd dans la Chronique de la Livonie que le Tsar Ivan Wasilovitsch avoit confié à un nommé Wetterman le soin de ranger une nombreuse Bibliotheque amenée de Rome, il y avoit plus de cent ans, & gardée jusqu'alors dans des souterains, ne merite pas d'attention étant destituée de temoignages suffisans. On ne peut pas dire que ces livres ayent été transportés à Moscou à l'occasion du mariage du Grand Duc Ivan Wasilovitsch avec la Princesse Sophie Phominischna qui venoit de Rome. De tels faits demandent à être attestés par l'histoire qui n'en dit rien.

La Bibliotheque du Synode doit ces manuscrits grecs à la reforme des livres d'église que le Patriarche Nicon entreprit en 1654. Pour les confronter avec les manuscrits grecs, qui en sont la source, & pour corriger d'après ces manuscrits

les

les fautes qui par l'ignorance des translateurs & la negligence des copiſtes s'y feroient gliſſées, il en fit démander au Patriarche de Conſtantinople & aux couvents du mont Athos, qui lui en fournirent juſqu'á cinq cent, les mêmes qui juſqu'à preſent font partie de la Bibliotheque du Synode. La reforme étant finie on n'en fit aparement plus d'uſage, & ils reſterent enfermés dans le Palais Patriarchal. Lorſqu'enfin en 1722 le Duc de Holſtein y vint voir les anciens vetements pontificaux, qui ſont d'un prix immenſe, l'Abé Condoidi par ordre du S. Synode ſe mit à les arranger, & chargea Skiada d'en faire le catalogue, qui fut imprimé en ruſſe & en latin. ſ. t. два Каталога рукописныхъ книгъ Греческихъ въ синодальной Вибліотекѣ въ Москвѣ обрѣтающихся 1723. 4º. Catalogi duo Codicum manuſcriptorum graecorum qui in Bibliotheca Synodali Moſcuenſi aſſervantur.

On

On n'en tira que 50 exemplaires avec deſenſe d'en faire une autre édition. Cependant le Baron de Huyſſen en envoya un à Leipzig au Profeſſeur *Menken,* qui ne manqua pas d'en faire publier par le Profeſſeur *Kappe* une édition in 8o. qui porte le titre: *Arcana Bibliothecae ſynodalis & typographicae.*

Ce catalogue ne ſatisfit pas à l'attente des ſavants que Bulfinger quelque tems après y avoit rendu encor plus attentifs. Preſſé d'achever la tâche Skiada ne nous livra que les titres mutilés, & ſe meprit groſſiérement dans la date des Manuſcrits. Il étoit reſervé à Mr. *Matthaei* Profeſſeur & Regent des Gymnaſes de l'Univerſité Moſcou de mettre au jour une notice plus

par-

---

*) *L'Auteur* der nordiſchen Nebenſtunden *a fait reimprimer ce catalogue. Par ce qu'on vient de lire il paroit que c'eſt un preſent bien ſuperflu qu'il offre aux Amateurs de la litterature.*

parfaite de ces trefors, & le public en eſt également rédévable au S. Synode qui en a rendu l'accès libre. Ce Profeſſeur vient de nous offrir la premiere partie du catalogue raiſonné *), qui contient 50 Manuſcrits detaillés avec toute l'exactitude imaginable.

---

*) ſ. t. *Notitia Codicum Manuſcriptorum Bibliothecarum Mosquenſium ſanctiſſimae ſynodi eccleſiae orthodoxae graecoroſſicae, cum variis anecdotis, tabulis aeneis, & indicibus locupletiſſimis. Mosquae 1776. gr. fol. Le papier & l'impreſſion repondent parfaitement à l'entrepriſe favoriſée par un des premiers Seigneurs de l'Empire.*

II.
ESSAI
SUR
L'ORIGINE ET L'ETAT
ACTUEL
DU
CABINET IMPERIAL
DE
CURIOSITES ET D'HISTOIRE NATURELLE
à
St. PETERSBOURG.

K

Je ne connois pas de spectacle plus frappant que celui de la nature. Un magnifique cabinet d'histoire naturelle est un tableau, où d'un seul coup d'oeil on voit tout ce qu'elle a de plus beau, de plus rare & de plus merveilleux. Quel est l'esprit assés insensible qui à la vue de ses richesses immenses ne s'élance au dessus de lui même, & qui n'adore l'ouvrier supréme, qui les a produites?

Faut il repeter que l'histoire naturelle donne de l'éclat aus autres sciences, & qu'elle en fait une partie des plus essentielles? On n'a qu'à se rappeller les Linnées, les Buffons, les Aubentons, les Reaumurs, les Hallers, & tant d'autres savants, dont les ouvrages font l'ornement de nos Bibliotheques

theques. --- N'est ce pas aux cabinets d'histoire naturelle que cette science doit le degré de perfection qu'elle a atteint aujourd'hui, & les Auteurs, qui la cultivent, leurs découvertes? Qui pourra douter de l'agrément, de l'utilité, je dirai même de la nécessité de l'étude de la nature? Quel plaisir égale celui d'examiner un beau cabinet? Qu'y a-t-il qui puisse causer une plus agréable surprise? S'il est une science qui contribue au bonheur des peuples, s'il est des monuments publics qui augmentent la gloire des Etats, c'est surtout la science de la nature, ce sont les cabinets depositaires de ses merveilles. -- --- Petersbourg peut se glorifier d'en avoir un des plus magnifiques. Je vais en tracer l'histoire.

C'est à Pierre le Grand que ce cabinet est rédévable de son origine, à ce Prince toujours occupé d'ouvrir de brillantes carrières, à ce Prince toujours ardent pour les grandes entreprises.

La Ville d'Amsterdam en posa pour ainsi dire les fondements. L'Empéreur à son premier voyage
en

en 1698 y fit l'acquisition de quantité d'oiseaux, de poissons & d'insectes. On les transporta à Moscou, & le soin en fut commis à l'Archiatre *) Areskin. On y joignit plusieurs monstres ainsi que des préparations anatomiques qu'on avoit ramassées à la grande Apoticairerie de cette ville.

Dès qu'on les eût transferés à Petersbourg on leur assigna dans l'ancien Palais d'Eté la même place qu'avoit la Bibliotheque.

Les accroissements de cette collection naissante furent des plus rapides. En 1716 on y réunit un des meilleurs Cabinets en ce genre. Je parle de celui du fameux Seba Apoticaire à Amsterdam connu par le tresor d'histoire naturelle qu'il a publié en quatre volumes in fol.: il l'avoit fait

ramasser

---

*) La charge d'Archiatre étoit de grande importance, tout ce qui avoit raport à la Medicine en dependoit. Pierre premier après la mort d'Areskin partagea cette charge entre les deux freres Bloumentrost, dont le Pere avoit été premier Medecin du Tsar Alexei Michailovitsch.

ramasser dans les deux Indes, & Pierre le Grand l'acheta pour 15000 florins d'Hollande. Il contenoit 340 boceaux avec des animaux conservés dans l'esprit de vin, quantité de poissons & d'autres productions marines, sans compter un recueil de plusieurs pieces artificielles & curieuses.

La même année arriva de Dantzig la belle collection du D. *Gottvald*. Elle consistoit pour la plûpart en mineraux, en coquillages & pierres precieuses accompagnées d'un grand nombre de succins ou de Karabés de toute sorte de couleurs & de figures, parmi lesquels il y a plusieurs morceaux qui renferment des insectes ou d'autres objets des regnes animal & végetal.

De si beaux commencemens meritoient bien qu'ils fussent soutenus & portés à quelque degré de perfection. C'est ce qui fut accompli en quelque façon en 1717, par l'acquisition du cabinet du fameux Ruysch. Ce cabinet par sa richesse & son bel assortiment égaloit ou surpassoit peut-être les plus riches collections de l'Europe. Les pieces,

que

que renfermoit la premiere partie, alloient au delà de mille, c'étoit des quadrupedes, des oiseaux, des crocodiles, des lezards, des serpents, & d'autres amphibies, un nombre infini d'insectes & de papillons, & un herbier rempli de quelques milliers de plantes exotiques desséchées. La seconde partie étoit composée de ces fameuses préparations anatomiques, qui par l'art & la délicatesse des injections rendent sa mémoire immortelle. Pierre le grand fit l'achat de ce cabinet pour 30000 florins, & chargea le D. *Blumentrost* de le faire transporter a Petersbourg.

J'ai en main une lettre originale de Ruysch écrite touchant ce cabinet, j'en vai communiquer un extrait au lecteur:

„ Quant au prix, dit-il dans cette lettre, j'ai
„ manqué considèrablement dans la somme
„ que j'ai fixée à mon cabinet, même je
„ n'étois pas sensé de démander 30000 flo-
„ rins. Si j'avois demandé 60000 fl., (prix
„ auquel chacun qui le voit le taxe), on
„ m'auroit offert au moins 40000. Mais la

„ chose est faite & en honnette homme je
„ ne me dedirai pas. — Monsieur *Areskin*
„ pretend que je lui communique tout ce qui
„ concerne la préparation & la conservation
„ des pieces anatomiques & l'embeaumement
„ des morts, secret que personne ne con-
„ noit que moi. Quelque part que je m'a-
„ dresse, quelque part que je m'informe per-
„ sonne n'en est au fait. Mr. le D. *Blumen-*
„ *trost* vient de Paris, ou il à été chés le
„ grand anatomiste Du Vernoy: tout ce qu'il
„ sait n'est que peu de chose, & toutes ses
„ préparations ne sont pas de garde. — Je
„ soutiens que quiconque n'auroit pour tout
„ bien que mon art, en seroit asséz riche à
„ mon avis pour vivre ou il se trouve dans
„ le monde. — Si Mr. *Areskin* veut se dé-
„ sister de cet article, nous serons bientôt d'a-
„ cord pour le reste. Sans la considération
„ de mon grand age je n'enseignerois pas ce
„ seul secret à personne à moins de 50000 flo-
„ rins. Ne pensez pas que je sois parvenu fa-
„ cilement à la decouverte de tous ces se-
„ crets;

„ crets; je me suis levé tous les matins à 4
„ heures, j'ai depensé tous mes revenus &
„ souvent j'ai desesperé de reuissir; j'ai fait
„ usage de milliers de corps morts, & non
„ seulement de cadavres recens, mais de ceux
„ même qui étoient déjà en proie aux vers,
„ & me suis exposé par là à des maladies dan-
„ géreuses. Que Mr. *Areskin* achette chés
„ d'autres tout ce qu'il voudra, il s'en re-
„ pentira bien, si pour la conservation il ne
„ procede pas d'áprès ma methode. J'ai em-
„ ployé presque toute ma vie à ces recher-
„ ches, je n'ai presque point gouté des plai-
„ sirs de ce monde, & je travaille encor jour
„ & nuit. Feu l'Empéreur Leopold m'offrit
„ 20000 florins pour la découverte du secret
„ d'embeaumer les corps morts, & j'étois
„ sur le point de passer avec lui l'accord, qu'il
„ mourut. D'ailleurs j'aime mieux que ce
„ soit Sa Majesté Tsarienne qui possede ce
„ cabinet que tout autre Souverain. C'est
„ qu'il subsiste une ancienne affection entre
„ Sa Majesté & moi. Lorsque j'eûs l'honneur

„ de

„ de Lui presenter mes respects, il y a quel-
„ que tems, dans ma maison, Elle daigna
„ me tendre la main & me dire Vous étes en-
„ core mon ancien Maitre „.

J'ajoute que Ruysch confia son secret à Pierre le Grand à condition de ne pas le réveler. L'Empéreur n'en fit part qu'à son premier Medecin *Blumentrost*, qui le communiqua à S***. qui avoit la garde des préparations anatomiques. Celuici, lorsque Rieger deplaça Blumentrost, pour gagner la faveur du premier ne balança pas à lui decouvrir le secret, & Rieger áprès son depart de la Russie ne tarda pas de le publier dans son traité *Notitia rerum naturalium*, ou l'on le trouve sons l'article d'*Animal*.

En vertu d'une ordonnance publiée en 1718 chaque monstre qui naitroit, soit d'hommes soit d'animaux, devoit étre conservé. L'Empéreur determina méme le prix qu'on devoit payer à ceux qui en aporteroient, cent Roubles pour un monstre d'homme vivant, quinze s'il étoit mort, & dix, sept ou trois pour un monstre d'animal selon qu'il

seroit

seroit vivant, rare ou mort. A cette ordonnance le cabinet doit la quantité de monstres qu'il possede, & qui s'augmente chaque année.

Deux autres Oukases de 1720 & 1721 adressées au Gouverneur de Siberie ordonnerent d'acheter non seulement tout l'or qu'on y trouveroit dans les tombeaux mais aussi chaque piece rare & curieuse qui se presenteroit.

Nos journaux remarquent que Pierre, lorsqu'après son retour en 1718 il alla voir son cabinet, y apporta la moitié d'un pain petrifié qu'on lui avoit presenté à Copenhague, où l'on conserve l'autre moitié, & une paire de sortes de sabots de bois tels que les Lappons portent. Ils les avoit demandé en revanche de ce qu'on gardoit au cabinet de cette ville des chaussures d'écorce des paysans de Russie.

L'exemple du Maitre fut bientôt suivi par les sujets. Chacun s'empressa de lui offrir tout ce qu'il avoit trouvé de rare, ou qu'il croyoit digne d'être conservé.

Le

Le cabinet faisoit des acquisitions continuelles. Il seroit superflu & même contraire à notre but d'en faire le detail, je ne m'arrete qu'aux principales, en commençant par celles des années 1720 & 1721. Ces acquisitions consistent en une suite des Papes depuis S. Pierre jusqu'à Innocent XI, composée de 150 medailles d'argent doré de l'exécution de Lauffert inspecteur des monnoyes à Mayence, & presentées de la part du Général Allart; en un recueil d'instruments de mathematiques & de physique experimentale achetés du fameux Mouschenbrook, & en une belle collection de medailles antiques d'or & d'argent. Ces derniéres faisoient partie du fameux cabinet de *Luders* à Hambourg, & avoient été mises en gage ches les juifs; Pierre le Grand les fit racheter pour 5000. Ecus. Le D. *Buxbaum* *), qui

---

*) *Il entra au service en 1719. Le but de son voyage étoit de faire des observations sur l'histoire naturelle. Il suivit les traces de Tournefort. Il prit le chemin de Constantinople par la Natolie vers les frontieres de Perse, & retourna par Derbent & Astracan. Les Centuries*

qui partit en 1724 pour Constantinople avec S. E. le Comte A. J. *Roumanzov* en qualité de medecin d'ambassade, en fit plusieurs envois considérables tant en medailles grecques qu'en autres curiosités asiatiques.

En 1725 par ordre de l'Impératrice Catherine *) on réunit au cabinet un recueil de presque 200 pieces tant naturelles que travaillées; les principales étoient des modeles de vaisseaux de guerre,

de

---

turies de plantes peu connues, qu'il publia, furent le fruit de ses voyages. Sa mauvaise santé, qu'il avoit ruiné par le peu de soin qu'il en avoit pris, le força de quitter la Russie en 1729, & il mourut peu après en 1730.

*) Tous les Professeurs de l'Académie, avoient eû l'honneur d'être presenté à l'Impératrice le 15 Aout de la même année; S. M. voulut bien les assurer de Sa protection, & leur permettre de Lui baiser la main. Après quoi tous les Académiciens furent regalés d'un splendide repas. Les cérémonies qu'on observa à cette solemnité se trouvent rapportées dans la Gazette litteraire de Leipzig de cette année Nro. 76.

de galeres, de mortiers & de canons, plusieurs sphères artificielles, des globes célestes & terrestres, qui avoient servi à l'instruction de leur auguste Possesseur, des pieces travaillées au tour par l'Empéreur lui même, enfin nombre de curiosités chinoises & tatares.

En 1726 le Cabinet fut enrichi de la belle collection de mineraux, de coquillages, & de curiosités asiatiques ramassée par l'Archiatre Areskin, & gardée à la Cour depuis sa mort. Et ce qui merite l'attention des connoisseurs, c'est que l'on y trouva deplus ces belles miniatures de fleurs, de chenilles, de papillons & d'autres insectes exécutées sur des feuilles volantes de velin de la grandeur de l'in folio, & peintes en detrempe par la célébre Marie Sybille Merian *), toutes pieces d'un

---

*) Elle naquit en 1647 à Francfort, & se maria en 1665 avec J. A. Graaf peintre & graveur à Nuremberg, mais elle conserva toujours le nom de son Pere. Les Hollandois ayant envoyé une flotte à Surinam, elle se determina à en faire
le

d'un goût & d'une delicatesse de pinceau surprenante.

Ces tresors furent augmentés la même année par d'autres non moins considérables en or & en argent, qu'on avoit deterré aux environs d'Astrachan.

Quelques brillantes que fussent ces acquisitions, elles furent suivies par d'autres qui surpasserent les précédentes. Il nous vint de la Cour un recueil des plus precieux composé de pieces travaillées en or massif, au nombre des quelles il s'en trouva jusqu'a 250 de celles qu'on avoit tiré des tom-

---

le voyage, pour dessiner d'après nature les insectes & les fleurs; elle partit en 1698 avec sa fille, & employa deux ans à peindre sur le velin. Chaque insecte y paroit dans son premier état; on y trouve sa metamorphose en chrysalinde, en suite son changement en papillon ainsi que la plante, les fleurs & les fruits que les insectes aiment, ou sur lesquels elle les a trouvés. Elle revint à Amsterdam en 1700, & présenta toutes ses richesses au Magistrat, qui les déposa à l'Hotel de Ville. C'est delà qu'elles sont venues à Petersbourg. En 1735 l'Académie eût l'occasion d'acheter encor une trenteine de ces feuilles.

tombeaux des Tatares en Siberie, & qu'on peu[t]
regarder comme autant de depouilles de la riche[sse]
de ce peuple conquerant. Pour se faire une idé[e]
juste de l'importance de cette acquisition il suffi[t]
de dire que le poids de l'or se trouva ètre de 74 li[-]
vres.

L'année 1727 se termina de la maniére la plu[s]
avantageuse pour le cabinet. La Chancellerie d[e]
médecine lui delivra un assemblage des plus nom[-]
breux & des plus choisis de curiosités que le D[r.]
Messerschmidt avoit eû soin de recueillir pendan[t]
son voyage en Siberie *).

Ta[n]

---

*) *Messerschmidt* natif de Dantzig fut envoy[é]
en 1719 par la Chancellerie de médecine pou[r]
faire un voyage physique dans la Siberie. I[l]
y employa huit ans. Son ornithologie, son ich[-]
thyologie, son *Isis Sibirica* & son journal d[e]
voyage sont de surs garants de sa diligenc[e]
aussi bien que de son erudition. Outre les lan[-]
gues savantes, qui lui étoient familieres, il s'é[-]
toit fait instruire par un Lama Tangoute da[ns]
les langues Mongole & Tangoute. Il épous[a]
en 1729 à Petersbourg une fille, qu'il soutenoi[t]

Tant d'acquisitions différentes nous préparoient, si j'ose la dire, à voir avec moins de surprise celles, que fit le cabinet l'année suivante en 1728: il acquit un recueil de plus de mille pieces d'ancienne monnoye tatare & russe, une suite de 276 medailles en bronze sur les événements du regne de Louis XIV, inventées par l'Académie des inscriptions & belles lettres de Paris, & une autre suite de celles des Rois de Suede depuis Gustave jusqu'à Frederic en or & en argent, du coin des célébres Karlstein & Hedlinger, medailles qui ne sont gueres inférieures à tout ce que la Grece & Rome nous ont laissé de plus parfait dans ce genre.

A

---

ou imaginoit avoir vu en rêve à Solicamskoi, partit pour sa patrie, fit naufrage près de Pillau, & perdit tout son bien. En 1731 il retourna à Petersbourg, où il mourut en 1735, reduit à vivre des assistances de ses amis: homme du meilleur caractere, mais d'une humeur sombre, & peu sociable, qui croyoit s'abaisser que d'aller demander les recompenses dues à son merite. Il laissa une fille qui vit à son aise à Petersbourg.

L

A ces envois on ajouta quantité d'inſtrumen[s] de mathematique, de phyſique, d'aſtronomie & d[e] chirurgie, d'autant plus dignes de notre attention que ce furent les mêmes dont l'Empéreur s'étoi[t] ſervi lui même.

Cette même année, les bâtiments deſtiné[s] à l'Académie furent achevés; on y tranſport[a] avec la Bibliotheque tous ces différens recueils dont je viens de faire l'énumeration, & l'o[n] s'occupa à les y ranger. L'ouverture du Cabine[t] ſe fit le même jour que celle de la Bibliotheque: afin de la rendre plus brillante on y avoit invité pluſieurs Seigneurs de la Cour, qui paſſérent par tous les différents départements de l'Académie. Pour y entrer & voir les curioſités il falloit auparavant démander la permiſſion au Bibliothecaire *).

Le fameux globe de *Gottorp*, qui avoit été donné à l'Académie en 1725, par ordre du Senat du 30 Octobre de la même année, y fut auſſi transferé, & placé dans la voute, qui eſt ſous l'Obſervatoire, par l'adreſſe du mechanicien Vignon, qui étoit

---

*). *Voyés la Gazette de Petersbourg de 1728.*

étoit venu de France avec le Professeur de *L'Isle*. Ce globe avoit été conservé auparavant dans le château de *Gottorp*. Il étoit artistement travaillé, ayant onze pieds de diamêtre. La surface convexe retraçoit la terre, tandis que la surface concave ou l'intérieur réprésentoit en vermeil le ciel ou les constellations avec les astres. Il y en avoit en outre dans l'intérieur du globe une table enturée de bancs, sur lesquels dix ou douze personnes, qui y entroient par une petite porte, pouvoient s'asseoir, & contempler à leur aise sa péripherie. Cet ouvrage avoit été commandé en 1654 par le Duc Frederic troisiéme de Holstein orp, & exécuté par André Busch sous la direction d'Adam Olearius *). Il ne parvint à sa section qu'en l'année 1664 sous le regne du Christian. La machine entiére tournoit au- de son axe toutes les 24 heures par le moyen de

---

*) Voy. la Déscription du cabinet de curiosités de Holstein par A. Olearius, & la Géographie de Mr. Busching.

164

de l'eau. En 1713 le Duc Administrateur de Ho[l]-
stein en fit préfent à Pierre le Grand, qui, cha[r]-
mé de cette acquifition, le fit d'abord tranfport[é]
par eau à Reval, & delà par terre à Petersbour[g]
où il fut placé dans une remife au Parc deva[nt]
le jardin du Palais d'Eté, & confié à l'infpectio[n]
du mechanicien Degio. Il refta là jusqu'en 17[32.]

C'étoit le 15 Janvier de l'an 1732, que l'[Im]-
pératrice Anna Ioannovna de glorieufe mémo[ire]
honora le cabinet de Sa préfence. Pour témoi[g]-
ner fa fatisfaction Elle voulut bien le lendema[in]
augmenter notre depot de quelques medailles,
d'un Иконостасb de bois de cyprés, qui par l'ex-
trême delicateffe, qui regne dans une infinité [de]
figures & d'hiftoires de la bible, que l'on y v[oit]
fculptées, paffe pour un chef-d'oeuvre de l'art,
de l'adreffe des moines de Kiov. Ce n'étoient
que les avant-coureurs d'une autre acquifition, q[ui]
merite bien quelque détail. On nous apporta [le]
14 Juillet de la même année la ftatue de Pierre [le]
Grand, travaillée en cire par le Comte Raftrell[i,]
d'une reffemblance parfaite, le moule ayant é[té]
apliq[ué]

pliqué sur le visage de l'Empéreur. La statue coiftée de la peruque faite de ses propres cheveux, & assise sur le même fauteuil, dont il se servoit aux jours solemnels, étoit vetue de l'habit de Gros de tour couleur d'Azur *), qu'il avoit porté le 18 May de l'an 1724 au jour du couronnement de son Epouse, & qui avoit été brodé par l'Impératrice Elle même. On cût soin d'y ajouter son uniforme de Colonel du Regiment de Préobragenski, son hausse col, son écharpe, son epée & son chapeau percé d'une bale à la fameuse journée de la bataille de Pultava, son buffle & quelques autres pieces de ses vetements; ces restes precieux malgré leur simplicité ne démentent pas le Heros, attirent l'admiration du spectateur, & meritent de passer à la posterité la plus réculée.

Chaque fois que nous avons occasion de nous en approcher, nous sommes penetrés, nous faisons hon-

―――――――――――――――

*) *Les relations publiées au sujet des solemnités du sacre de l'Impératrice Catherine font mention de cet habillement.*

honneur de le dire, des sentimens de vénération, qu'un cœur bien placé ne peut refuser à la mémoire des Heros. Toute l'Académie, lorsqu'elle eût l'honneur d'y conduire S. A. S. feue Madame la Landgrafe de Hesse-Darmstadt, fut frappée des mouvements, que cet aspect produisit dans l'ame de cette Princesse.

Je joins ici une autre acquisition non moins precieuse que nous fimes en 1735. C'est le tour, qui servoit de délassement à l'Empéreur, avec tous les instruments, qui y appartiennent. Parmi les ouvrages faits au tour par ce Prince on distingue un grand lustre d'ivoire à plusieurs branches. Ce n'est pas l'art du maitre que l'on doit y admirer, c'est plutôt l'activité infatigable du Monarque, qui au milieu de ses immenses travaux savoit se dérober du tems pour s'occuper à des ouvrages, ou la main & le genie doivent concourir également. Et que dire à la vue des morceaux de fer, que ce Souverain n'a pas dedaigné de travailler lui même aux forges? Quelques années après on envoya le même cheval, dont l'Empéreur s'étoit servi à la

bataille

bataille de Pultava; son nom est *Lisette*, nom qui brille dans l'histoire de notre Heros avec le même droit que *Bucephale* dans celle du Conquerant de l'Asie.

Plusieurs autres chefs-d'oeuvre en ivoire travaillés pas les plus habiles ciseaux, furent envoyés par la Cour: tels que le sacrifice d'Isaac haut de 3½ pieds, la statue équestre du Roi Auguste, Junon avec ses attributs, une fête de Bachanales, Hercule vaincu par l'amour.

L'année 1736 fournit au cabinet une precieuse collection de toute sorte de raretés tant naturelles, que travaillées; c'étoit celle que S. E. Mr. le Feld-Maréchal Comte Jacob Wilhelmevitsch Bruce avoit rassemblé avec autant de gout que de soin & de dépenses.

L'année 1738 ne fut pas moins remarquable pour le cabinet. Le onze Juillet il eut le bonheur de posseder dans son enceinte la Tsarevna Elisabeth Petrovna la fille de son illustre fondateur. Et suivant l'ordre du cabinet du 19 de même mois on aporta le reste des medailles du cabinet de Luders, qui fut acheté 4500 R. par l'entremise du Conseiller de la Cour de Bronsuic nommé *Strasberg*.

L'an 1741 nous fournit une collection complête de tous les oiseaux qui se trouvent aux environs de Petersbourg.

C'est ici le lieu de rapporter les différentes acquisitions dont nous fumes enrichis à l'occasion de l'expédition de Kamtschatka. C'est en partie aux envois réiterés, que firent Mrs. les Professeurs *Muller* & *Gmelin* pendant leur séjour en Siberie, que le cabinet dut cette abondance qu'on ne trouvoit nullepart en fait de curiosités des différentes nations de l'Asie.

On a été occupé longtems à disposer ces différens tresors dans un ordre convénable, & à en dresser les catalogues. Le plan, qu'on avoit suivi dans l'arrangement, fut de partager le cabinet en deux parties. La premiére contenoit les objets des trois regnes de la nature, & la seconde renfermoit les choses artificielles. Le Professeur Du Vernoy

Vernoy & Wilde furent chargés de l'arrangement des préparations anatomiques, & *Gmelin*, *Amman* & *Steller* de celui des regnes animal & végétal. La déscription des collections minerales fut commencée par *Gmelin* & finie par *Lomonoffov*. Le Profeſſeur *Krafft* mit en ordre les inſtrumens de phyſique & de mathematiques, ainſi que *Cruſius* les medailles & d'autres pieces antiques & curieuſes.

En 1742 les voeux du public furent ſatisfaits. On lui offrit deux parties du catalogue ſ. t. *Muſeum Metropolitanum* en 8. Les ſeuls objets du regne animal, qu'on y trouve marqués, ſont 2144 pieces de préparations anatomiques, 212 de quadrupedes, 755 d'oiſeaux, 900 d'amphibies, 470 de poiſſons, 218 de cruſtacées & d'autres productions marines, outre la nombreuſe collection de coquillages & d'inſectes, qui ſont par milliers.

Les autres parties du catalogue, qui renfermoient les objets des regnes végétal & mineral, ainſi que les medailles, parurent en 1745.

L'ordre veut que je faſſe mention d'un évenement arrivé vers ce tems là, & qui a eû beaucoup

coup d'influence fur l'Académie. Il en faut chercher les raifons bien loin, & rémonter, pour les découvrir, jufqu'à l'origine de l'Académie. La difcorde s'empara bientôt de l'efprit deffes premiers membres. La concurrence des interets caufoit à chaque moment des différends, la contrarieté des opinions produifit des difputes dans leurs affemblées favantes. Mécontens & offenfés de l'autorité, que le Bibliothecaire favori du Préfident fembloit s'arroger fur eux, les Académiciens firent contre lui des plaintes, vraies ou fauffes, c'eft ce que je n'ofe point décider, & formerent le projet d'éluder fes ordres. Mais l'adreffe du Bibliothecaire à bien conduire fes entreprifes, la foupleffe avec laquelle il favoit s'accommoder aux conjonctures, fon art enfin de diffimuler, lui fournirent toujours de furs moyens pour lêver les difficultés, qui l'embaraffoient, & pour furmonter les obftacles, qu'il rencontroit. Quelques membres partirent. On chercha à concilier les différends, & à terminer les querelles, mais l'aigreur des efprits, fource continuelle de difputes nouvelles, refta, & éclata enfin en 1742.

On

On crut avoir raison de se méfier de la probité du Bibliothecaire, on l'attaqua publiquement, & les accusations intentées contre lui dévinrent si graves, que le Senat dirigeant se vit obligé de s'assurer de sa personne, &, pour examiner sa conduite, de nommer une commission, à la tête de la quelle fut mis le Comte Golovkin, de faire sceller tous les apartemens de la Bibliotheque & du cabinet de curiosités, & de reviser d'après les régistres tout ce qui s'y trouva. Cependant les recherches se terminerent à la pleine justification de l'accusé, & peu après S. E. Monf. le Comte *Rasumovski* fut nommé President de l'Académie.

Pour se mettre en état de présenter un jour aux amateurs de l'histoire naturelle une déscription exacte du cabinet, on s'occupa à dessiner d'après nature chaque piece, soit naturelle soit artificielle, qui s'y trouvoit. On commençea à graver en taille douce sur de grandes feuilles in folio les pieces les plus rares & les plus precieuses. Enfin pour que les catalogues fussent plus à la portée de la nation, on les fit traduire en russe,

ruſſe. On avoit augmenté de beaucoup l'embelliſſement intérieur du batiment, & publié les plans, qui en répréſentoient les différentes vues, ainſi que la diſtribution intérieure de la Bibliotheque & du cabinet.

C'eſt ainſi que l'Académie tâchoit de rendre ſon riche depot de livres & de curioſités plus utile au public, & s'empreſſoit à remplir les ſages vues de ſon fondateur, lorsque l'incendie, dont nous avons parlé plus haut, l'empêcha d'exécuter ſes projets. La perte que ſouffrit le cabinet fut des plus grandes. Presque tout ce, qui ſe trouvoit dans la gallerie & au ſecond étage, fut ou conſommé par les flammes, ou gaté, ou briſé. Nos journaux donnent de grands éloges au zéle que le noble Corps des Cadets montra à cette occaſion.

Quel triſte ſpectacle que celui de voir tant de belles pieces diſperſées & jettées dans la boue! On retira de ce cahos tout ce qu'on put trouver; quelques jours après on tranſporta le tout au ſecond étage de la maiſon de Demidof, & on le rangea

gea aussi bien que le tems & la place le permettoient.

On tacha de reparer les pertes du cabinet. La premiére acquisition que l'on fit, fut un recueil d'antiquités sepulcrales de la Siberie en or en argent & en cuivre, que le Conseiller d'Etat *Muller* lui ceda. En 1751 arriverent quantité d'animaux, qu'on avoit acheté à Amsterdam à la vente publique du cabinet du célébre Seba mort en 1736.

Pour remplacer le globe de *Gottorp*, qui étoit entiérement brulé, on nous en envoya un autre de Moscou en 1752; ce globe a 7 pieds de diamétre. Il est de cuivre, il avoit été fait vers l'an 1650 par les heritiers du fameux géographe Guilleaume *Bleau*, & passoit pour le plus grand qu'on connût alors. Les Etats Généraux le crurent digne d'étre presenté au Tsar Alexei Michailovitsch. Il fut placé à *Ivan Weliki*, & aprés à *Soucharewna Baschnia*, ou il servoit aux leçons, que le Professeur *Fergusson* donnoit à l'école de navigation.

En 1754 nous fimes une recolte abondante de curiosités chinoises & tatares; une partie nous
fut

fut delivrée par les heritiers du Vice-Gouverneur *Lange* mort à *Irkutzki*, & l'autre nous fut aportée de *Peking* par le chirurgien *Jelatitſch*, qui à ſon départ avec la caravane pour la Chine avoit été chargé de la part de l'Académie de nous en fournir.

Ce que les années ſuivantes nous offrent de plus remarquable, c'eſt la collection des mineraux & des Herbiers faite par feu le Profeſſeur *Gmelin*, qui arriva de Tubingue en 1757, & l'acquiſition d'un magnifique Orrery ou ſyſtême planetaire, dont il ne faut que voir le mechaniſme pour en être enchanté & pour en admirer l'invention.

En 1761 le Correſpondant de l'Académie à Amſterdam envoya quantité d'oiſeaux empaillés, la plûpart des Indes.

L'an 1763 nous procura un amas de dépouilles de l'Amerique & des climats les plus reculés. Il conſiſtoit en 274 bocaux remplis de plus de 700 animaux conſervès dans l'eſprit de vin, en un

ais

ais de table de 4 pieds de large sur 6 pieds & 6 pouces de longeur, coupé du tronc d'un calebassier, qui croit d'une telle épaisseur, qu'on en trouve à Senegal, qui ont 15 pieds de circonférence, sans compter nombre de pieces deséchées de fruits & de semences. Un colonel Suedois nommé Dahlberg, qui venoit d'arriver de Surinam, avoit presenté ce recueil à l'Impératrice, qui daigna nous en gratifier.

En 1764 nos depots furent enrichis de plusieurs antiquités en or & en argent, qu'on avoit trouvées dans un tombeau du gouvernement de la nouvelle Russie.

Ces tombeaux se trouvent dans les riantes plaines, qui entourent la grande foret de pins sur les rives occidentales du Dnepr, & qui par leur fertilité y attirerent jadis les Goths, les Huns, les Bolgares, les Hongrois, & d'autres peuples. S. E. Mr. le Général *Melgounov* fit ouvrir un de ces tombeaux à la distance de 7 verstes de la dite foret le 3 Septembre de l'an 1763. Après avoir fouillé la terre à la profondeur de deux pieds, on decouvrit

couvrit une statue de grais sans tête, qu'on reconnut pour être celle d'une femme. Six pieds plus bas il y avoit une fosse briquetée, où se trouverent ces ornements en or & en argent. Ce ne fut qu'au fond du tombeau que parurent des restes d'un cadavre brulé. L'opulence & les richesses, que possédoient les Ougres ou Hongrois, qui habiterent ces contrées dans les tems les plus reculés, & la ressemblance qu'il y a entre un collier trouvé dans ce tombeau, & les colliers, que ces peuples portent actuellement, font présumer à Mr. le Conseiller d'Etat *Muller* que ces ornements sont plutôt des dépouilles de ces Ougres, que l'histoire nous désigne avoir été en possession de ces contrées, que d'aucun autre peuple.

En 1766 le cabinet venoit d'être transféré & rangè dans le nouveau batiment. La même année le 15 Octobre, jour qui restera toujours marqué dans nos fastes, Son Altesse Impériale Monseigneur leGrand Duc, accompagné de Son Gouverneur S. E. M. le Comte de Panin & de plusieurs Seigneurs de la Cour, fit l'honneur à l'Académie

démie d'y venir, Elle voulut bien en paſſant par les différents apartemens de la Bibliotheque & du cabinet s'y arrêter quelque tems, pour regarder les objets les plus intereſſans.

Nos curioſités du regne minéral s'accrurent conſidérablement en 1767 par une collection choiſie, qui montoit à plus de 2000 pieces, dont l'Académie fit l'emplette des heritiers du fameux conſeiller de mines nommé *Henckel*.

Un chef d'oeuvre de mécanique, qui fut ajouté en 1770 à nos autres raretés, merite d'avoir ici ſa place. C'eſt nne montre à repetition avec un carillon de l'invention & de la compoſition d'un Ruſſe, qui employa 4 ans à cet ouvrage, & l'acheva ſans le ſecours presque d'aucune inſtruction étrangére, aidé uniquement de l'heureuſe diſpoſition, qu'il a reçu de la nature, pour les arts mécaniques. La montre a la forme & la grandeur d'un oeuf.

L'intérieur repréſente le tombeau du Sauveur gardé de deux ſentinelles, & fermé d'une pierre.

Au moment que les anges paroissent, les gardes tombent par terre, & la pierre disparoit: à l'ativé des saintes femmes on entend sonner le cantiqu (тропарь) христосъ восъ хрестъ, de la mêm mélodie, qu'on le chante dans les eglises la veill de Paques.

Les années 1769 jusqu'à 1774 furent des plu fertiles en acquisitions. Je parle de celles qu nous procurerent les voyages physiques, que firen pendant ces années dans plusieurs provinces d la Russie les Académiciens *Pallas, Gmelin, Lepechin, Guldenstædt, & Falk.* Ces Messieurs, en répondant à tout ce qu'on pouvoit attendre de leur zele & de leur intelligence, n'ont rien negligé pour enrichir nos collections par des envois reiterés de toutes sortes de curiosités, tant naturelles qu'artificielles.

Le cabinet de medailles fit pendant les derniéres années des accroissemens aussi considérables. Il les doit à l'ordre que Sa Majesté a eû la bonté de donner au departement de monoies de lui fournir les medailles russes, qui lui manquoient,

&

& de lui envoyer une piece de chaque medailles qu'on frapperoit à l'avenir.

Je touche à la derniere acquisition, qui au commencement de l'an 1775 nous parvint des isles Couriles, dont les nouvelles publiques ont fait mention. Elle consistoit en habits, en différentes sortes d'armes & d'utensiles de ces peuples, & en plusieurs productions de la nature.

Ce sont là, autant que je puisse le savoir, les sources d'où sont venus tant de tresors. Il en est du cabinet, tel que nous le voyons aujourd'hui, comme de la plûpart des grands établissemens, qui pour l'ordinaire n'ont eû que de foibles commencemens, & qui ne sont pervenus à un certain degré de perfection que par l'effet de plusieurs revolutions.

Après avoir préparé le lecteur au spectacle, qu'offre le cabinet, il est tems de l'y introduire: tachons de lui servir de guide.

De la Bibliotheque entrons dans la voute qui est sous l'observatoire. Le globe, qui s'y trouve au milieu, eſt le même, qui, comme nous l'avons dit, fut envoyé par les Etats généraux au Tſar Alexei Michailovitſch. Autour ſont rangés les différens inſtrumens de mathematique & de phyſique, les ſphéres artificielles, les globes, & les modelles, qui pour la plûpart ſervirent autrefois d'ornement au cabinet de Pierre le Grand.

On y remarque un verre ardent de la compoſition du fameux *Tſchirnhaus*, le verre eſt également convexe de deux cotés. Son épaiſſeur au milieu eſt d'1 pied 10 pouces, & le demi diamêtre de ſa courbure de 4 pieds 11 pouces. Il s'y trouve attaché par deux barres de fer à la diſtance de 3 pieds 3 pouces un autre verre collectif, dont le diamétre eſt de 7 pouces, le rayon de ſa courbure eſt d'1 pied 6 pouces, & l'épaiſſeur au milieu d'1 pouce. Le premier de Mars de l'an 1735 en preſence de Sa Majeſté l'Impératrice Anna Joannovna on en fit pluſieurs experiences, dont voici les principales: des barres d'étain & de plomb ſe fondirent au même moment qu'elles toucherent le foyer, & de petites pieces de monnoie d'argent tomberent en fuſion dans l'eſpace d'une minute.

Du

Du bois de chene s'enflamma d'abord, de petits morceaux d'ardoife fe changerent dans l'efpace de deux ou trois minutes en boules de verre, des écrevifles mifes dans l'eau y devinrent auffi rouges, que fi elles euffent été cuites, la fayance fut d'abord percée, la pierre ponce changée en verre blanc, & la porcellaine creva à l'inftant &c. La chaleur au foyer de ce verre eft environ 1384 fois plus forte, que la chaleur naturelle des rayons du foleil dans l'air libre.

Tout près l'on trouve un aimant de 40 livres, fa vertu eft proportionnée à fon poids, un globe celefte de cuivre doré de 8 pouces de diamêtre avec une montre à repetition pratiquée intérieurement, un globe terreftre d'argent. --- --

Un autre globe terreftre de 3 pieds de diamêtre fait à Plescou par un Diacre nommé *Karpow Maximow* merite d'avoir place ici, comme étant probablement le premier, qui ait été exécuté en Ruffie. Suit un planetaire de 2½ pieds de diamètre qui fut préfenté à Pierre I, par la compagnie des negocians anglois établis en Ruffie. Un polyedre, au travers du quel on voit repréfenté

le

le portrait de l'Empéreur Pierre II. Ce portrait eſt formé de l'aſſemblage de différentes figures colorées, leſquelles font diſperſées ſur une planche autour l'aigle ruſſe, & entremelées de fleurs, & d'autres ornemens; c'eſt le même que le Profeſſeur *Leutman* montra dans une aſſemblée publique tenue par l'Académie le 24 Fevrier de l'an 1729, & dont il expliqua la conſtruction ſelon les regles de l'optique.

De pluſieurs modelles nous ne remarquerons que celui d'un vaiſſeau de guerre monté de 120 canons, d'un travail achevé: le Roi de la grande Brétagne Guillaume en fit preſent à Pierre I. pendant ſon ſejour à Londres. Joignons y la Galére à 25 bancs, que l'Empéreur apporta de France.

C'étoit ici que l'on avoit placé le grand globe de *Gottorp*, dont il a été fait mention. Il n'en reſta que la carcaſſe, c'eſt à dire, les barres ou les cerçeaux de fer, qui avoient ſervi de baſe à cette grande maſſe.

L'Académie ne tarda pas à en faire rétablir un autre de la même grandeur que le premier. Après qu'on qu'on eût mis sur la carcasse des plaques de cuivre, on les revétit de bois, & l'on couvrit de toile vernissée. Les dessins, qu'on voit sur la surface, furent exécutés par d'habiles maîtres, & ce qui le rend préférable au premier, c'est qu'on y a apliqué les changemens arrivés sur la terre & les découvertes, dont la géographie a été enrichie.

L'Horizon, & le meridien, qui a 7 pouces de large sur 3 d'epaisseur, sont de laiton, & exécutés avec beaucoup d'adresse par un mécanicien anglois nommé Scott. On entre par un petit escalier, & l'on y trouve une table entourée de bancs, & l'axe, qui passe par les deux poles. La periphérie intérieure représente le firmament azuré avec les étoiles en cloux dorés. En tournant le globe par le moyen de la vis d'Archimede appliquée sous la table, on remarque le lever de ces étoiles, leur passage par le meridien, & leur coucher.

Delà on entre dans une galerie longue de 77 pieds sur 49 de large. A la vue des habillements & des parures de tant de différentes nations asiatiques on croiroît, qu'on est tout d'un coup transmis dans les contrées orientales. D'un coté ce sont des vêtements venus de la Chine & de la Perse, ceux de l'autre côté viennent des Morduines, des Samoyedes, des Ostiaques, des Kirgises, des Burattes, des Toungufes, des Jakoutes, des Lamoutes, des Tatares, des Mongoles, des Tschouktschis, des Kamtschadales, & des habitants des isles Couriles & Aleoutes. ----

Chaque nation s'y distingue par un gout accommodé à sa fantaisie & à ses besoins. Le Chinois & le Persan se parent de satin & d'étoffe d'or, le Samoyede & l'Ostiake se cachent dans des fourures de bêtes sauvages, le Tatare est enjolivé de perles & de clinquailleries, le Kamtschadale se met à l'abri du climat par les plumages des oiseaux aquatiques, le *Schaman* est herissé de ferrures. Le beau sexe de la Chine, le quel n'ambitionne que la petitesse des pieds, porte des souliers, qui n'ont que 6 pouces de longeur, les femmes Kirgises ont de grandes bottes à semelles parsemées de cloux. ---
Rien de plus propre à charmer la vue que les ouvrages faits en soie & à l'aiguille par les Chinois. Mais

il

il seroit injuste de n'admirer en même tems l'adresse de ces peuples, qui, au lieu de soye & d'aiguilles, n'ont que des tendons d'animaux filés & des arrêtes, qu'ils savent manier avec tant d'adresse, que leurs ouvrages ne le cedent en rien à toutes les broderies quelconques.

Ces peuples mettent à profit tout ce que la nature leur offre; ils savent travailler au métier les orties, & les fibres des racines à tel point, qu'ils en font des vétemens qu'on ne peut assés regarder; & plus nous y faisons attention, moins nous pourrons leur refuser du gout, & même de la finesse dans leur gout. -- --

Mais ce qui merite le plus l'attention des curieux, c'est une collection de 80 idoles Mongoles, remarquables autant par leur rareté que par l'éclaircissement, qu'on en peut tirer touchant le fameux culte de Thibet. Elles sont de fonte, de cuivre doré, & creuses en dedans. Plusieurs sont couvertes d'une plaque au fond, & renferment un rouleau d'ecorce ou de papier marqué de caracteres rouges,

rouges, & rempli de cendre. Ce sont les mêmes idoles dont l'Abé *Chape*, & Mr. le Professeur *Pallas* dans leurs descriptions de voyage en Russie ont présenté au public les premiéres figures. Nous les devons à ce dernier Académicien, qui fut assés heûreux pour les rencontrer à *Jaitzkoi Gorod*, & il sut engager le Chef des Cosaques à les faire apporter à Petersbourg, ou elles furent achetées par l'Académie. L'histoire des Mongoles est des plus interessantes, c'est celle d'un des plus anciens & des plus puissans peuples de l'Asie, qui s'est conservé pendant plusieurs milliers d'années sans se confondre avec les autres nations, d'un peuple qui s'est rendu formidable aux Empires voisins, & a fait trembler l'Europe, qui a sa propre langue sa propre écriture, & reste attaché au culte de Thibet, d'un peuple disje que ses justes & sages loix*)

defen-

---

*) *Ces loix determinent les devoirs du Prince aussi bien que ceux du sujet. Elles ne se jouent pas de la vie de l'homme, elles n'ordonnent pas la question pour arracher à une victime innocente une confession injuste. Tous les crimes, que la maniere*

defendent de mettre au nombre des barbares. Il étoit reservé à l'Académicien, que nous avons nommé, de debrouiller le cahos de cette partie de litterature dans l'ouvrage, qu'il vient de publier, ouvrage marqué au coin d'une critique judicieuse & d'observations approfondies. On y voit detaillé tout ce qu'il importe de savoir sur l'histoire de ces peuples, & l'on y developpe la religion & le culte de Lama, la Hierarchie de Thibet, leur mythologie, leur chronologie, leurs cérémonies ecclesiastiques, enfin leur langue & leur écriture.

La manière de vivre de ces peuples rend possibles, y sont nommés, & chaque crime y a sa punition determinée. Cette punition n'attaque que le bien du coupable, & n'est tout un plus que corporelle. Les hommes, & l'on ne peut trop souvent repeter cette utile reflexion, les hommes sont partout les mêmes, & avec cette grossièreté, qui les rend meprisables à nos yeux, ils ont moins de vices que nous, plus de droiture, plus de bonne foi & peut être en général plus de vertus solides; reflexion bien propre à nous faire rabattre de l'opinion avantageuse que l'amour propre nous ne porte que trop aisement à concevoir de nous mêmes.

La Salle du second étage frappe agréablément la vue, tant par ses embellissements, que par la multitude des objets, qui s'y trouvent. De toutes parts vous y voyes des quadrupedes & des oiseaux. Le nombre des premiers va jusqu'à 469.

L'on ne doit pas exiger de moi, que je fasse entrer dans ce tableau général des details systematique; une plume plus habile les tracera un jour aux amateurs de l'histoire naturelle. J'ose dire que dans notre depot il y a tout ce que les cabinets étrangers renferment de rare, & même il y a des pieces qu'on ne trouve peut être pas ailleurs. On y voit nombre d'especes de singes & de guenons, le *Babouin*, le *Midas*, le *Tamarin*, le *Sagouin*, le *Lorys* & le *Maki*, des *chauvesouris* d'une grandeur monstrueuse, des *vampyres*, *le fer de lance*, le *chat volant* de *Ternate*, quantité de *Philandres* ou de *Sarigues*, & d'*Opossum* ayant leurs pétits dans leur poche sous le ventre, plusieurs *Marmoses* tant mâles que femelles, la *Musareigne*, le *Desman*, les *Armodilles* ou *Tatous* à une, à sept, & à neuf écailles, les *diables* de *Tajova*, ou les *Pangolins*

golins de différente grandeur, plusieurs *Fourmilliers*, le *Capibara* ou *Cabiai*, le *Paca*, l'*Agouty*, est même un foetus de *Tapir*, le *Porc épic*, le *Couandou*, l'*Urson*, & beaucoup de *Paresseux*; la plûpart des bêtes feroces connuës comme le *Lion*, le *Tigre* royal, différentes especes de *Leopards*, & de *Chats tigrés*, dont nous conservons de très beaux foetus, le *Loup-cervier*, le *Jaguar*, le *Coati*, différentes *belettes* étrangéres, enfin l'*Elephant* de $28\frac{1}{2}$ pieds de long sur $16\frac{1}{2}$ de hauteur, le *Zêbre*, le *Chevrotain*, plusieurs foetus de *Cerfs* étrangers composent notre collection exotique dans ce genre.

Un grand nombre de quadrupedes particuliers à la partie asiatique de l'Empire russe, & dont la plûpart ne se trouve dans aucun autre cabinet de l'Europe, donnent une préférence bien marquée au notre. Tels sont le *Dshiggitéi* *) un Onagre de

---

*) Mulus dauricus foecundus Messerschmidii. Equus Hemionus Nov. Comm. Petrop. Vol. XVIII. En langue Mongole Dshiggitéi *qui veut dire*

de Perse, le *Moufflon* des montagnes de la Turcomanie, celui de la Siberie connu sous le nom d'*Argali*

dire Oreillard. Cet animal tient le milieu entre le cheval & l'ane, & diffère essentiellement de l'Onagre des anciens, qui est le Koula des Tatares nomades. On le prendoit pour un mulet, s'il n'avoit la faculté de se reproduire, & si sa race n'étoit pas bien constatée comme formant une espêce distincte. Ses oreilles sont d'une grandeur mediocre, & relevées ; son crin, ses pieds, sa croupe, & sa queue tiennent de l'ane. Il est de la grandeur d'un bidet, d'une taille deliée, & de couleur bai-claire, avec une raye noiratre le long de l'épine. Ces animaux vont en trouppes composées de plusieurs jumens & poulains, conduits par un étalon très jaloux de sa suite. Leur course rapide, qui a passé en proverbe chez les Mongoles, surpasse l'imagination ; mais leur naturel est si sauvage, que les Mongoles n'ont encore pu venir à bout d'en rendre la race domestique. On ne peut les tirer que par surprise, ou les prendre que par quelque embuscade ; mais les Mongols y mettent toute leur adresse afin de pouvoir se regaler de leur chair, dont ils sont tresfriands.

gali *), le *Buffle* à crin de cheval du *Tybet* **), le
Bouc-

---

*) *Argali* en langue Mongole est le nom des beliers sauvages ou mouflons de la Siberie. On n'en voit plus que très rarement dans ce pays, & je defie qu'aucun autre cabinet puisse le produire. L'espece se retire de plus en plus vers les vastes deserts montagneux des Calmoucs & de la Tatarie orientale, ou elle jouit de cette solitude parfaite qui lui est si chere. Les cornes des beliers croissent en volutes, & deviennent si grandes, qu'on en a vu dont la pair pésoit quarante livres. Leur toison d'hiver chargée de poil ressemble à celle des rennes; en été ils ont un poil ras & lisse. Dans les plaines ils fuyent au trot, mais ils franchissent en bondissant les rochers les plus escarpés, & ne craignent point les pas les plus critiques.

**) *Bos grunniens* Linnaei. Les Chinois le nomment Sinijou, les Mongols Sarlik-oukyr. Le nôtre est sans cornes. Ce bétail est fort recherché pour son poil soyeux, sur tout quand il a la queue ou quelqu'autre partie du corps blanche. Les orientaux teignent ce poil d'un beau rouge; les Chinois en font des houpes pour l'ornement de leurs chapeaux d'été, & les Indiens

Bouc-étain de Siberie *), le *Dséren*, le *Saiga*, tous les deux du genre des antilopes ou gazelles, le *Portemusc*, dont nous avons nombre d'échantillons des deux sexes, & de tous les ages, même une varieté toute blanche, l'*Ours blanc* de la mer glaciale,

―――――――――――――――――――

diens ces especes d'étendarts, qui sont aussi d'usage chez les Turcs, & qu'on nomme queues de cheval.

*) C'est l'Ibex des naturalistes, qui ne se trouve presque plus dans l'enceinte de la Siberie. On les tire quelquefois sur les plus hautes montagnes frontiéres. Leurs cornes recourbées en arriere ont jusqu'à quatre empans de longeur, & quelques noeuds très rélevés sur toute la face superieure. L'animal a les jambes sur tout celles du devant très robustes, pour se souténir en bondissant d'une roche à l'autre. S'il arrive qu'il se precipite, c'est ordinairement sur les cornes qu'il se fait tomber, ce qu'on a pu voir dans un de ces animaux, qui s'est trouvé autrefois dans un parc à Petersbourg. Il faut que les anciens peuples de la Siberie ayent bien estimé cet animal, si l'on en doit juger par la quantité de petites figures en fonte, qui le représentent sur les utensiles qu'on retrouve aujourd'hui dans leurs tombeaux.

ciale, le *Glouton*, le *Chakal*, le *Renard blanc* du Nord, la *Marte Zibelline*, le *Putois* roux de Sibérie, l'*Ermine* dans tous les états, la *Belette* blanche, la *Loutre* de la mer de Kamtschatka, le *Castor*, le *Rat* musqué, un *Lievre* tout noir pris dans le gouvernement de Casan, outre une peau de la même couleur, qui nous est venue de Sibérie, le *Tolai*, les *Lapreaux* moissonneurs des alpes de la Sibérie, le *Bobak* qui est la marmotte de ce pays, la *Souslic* ou la petite marmotte, le *Slépez* espece de taupe entierement privée de l'organe de la vue, & qui approche par ses dents du genre des marmottes, la *Gerboise*, l'*Alagthagha*, une varieté toute noire du *Hamster*, le *Campagnol* de Sibérie, qui forme des magasins de racines, le grand *Mulot*, qui se tient sous les broussailles du Tamaris, le *petit Gris*, l'*Ecureuil* suisse, l'*Ecureuil* volant, différens *Herissons* —— ——

En fait d'animaux marins nous avons un *Morsse* tout entier, plusieurs especes de *Phoques*, grandes & petites de la mer du Nord, la tête & quelques parties du *Lion marin* de la grande mer, deux foetus de *Lamentin* conservés dans l'esprit de vin, dont l'un de la longeur du doigt est un morceau unique pour sa petitesse, l'autre d'un pied ou environ montre plus distinctement la forme de cet animal singulier, qui fait si bien entrevoir la progression des quadrupedes aux cetacés, & fournit une preuve évidente de l'enchainement des etres. Ajoutons y, quoiqu'on leur ait assigné leur place en bas, un grand *Marsouin* conservé en entier, & le *Dauphin* blanc de la mer glaciale, très imparfaitement connu des naturalistes étrangers, avec son petit, dont la couleur noiratre, qu'il apporte en naissant, commence à blanchir par le ventre.

Je passe sous silence les *monstres* de différens quadrupedes, que l'on peut regarder comme des caprices, auxquelles la nature semble s'abandonner dans la formation des animaux.

Notre recueil de parties detachées de différens animaux n'est pas moins important. Un nombre prodigieux de ces fameux *os de Mamont*

mont *), qu'on trouve sous terre tant en Russie, qu'en Siberie, & qui ne sont que des ossemens d'*Ele-*

---

*) *Laissons la fable de l'animal Mamont vivant sous terre, dont le peuple en Sibérie s'est bercé si long tems. Le mot* мамонтовая кость *paroit deriver du mot tatare* Mama, *qui signifie terre. Mr. le Professeur* Pallas *nous a donné une description exacte de ces ossemens dans le Tome XIII. des Commentaires de l'Académie, qu'on peut consulter. L'Hypothese, que le terrein de Sibérie pourroit avoir été autrefois assés chaud, pour servir de patrie à ces animaux, & qu'il auroit peutêtre influé sur la grandeur des buffles, avoit semblé à l'Académicien préferable à quelques autres qu'on avoit debité à ce sujet. Mais après qu'il eût visité par lui même ces contrées, ou se trouve le plus de ces ossemens remarquables, & observé leur situation aussi bien que la nature des couches, qui les contiennent, il rapporte des raisons assés convainquantes pour les attribuer à un bouleversement général & violent de la terre, ou à quelque inondation générale qui doit avoir couvert toute l'Asie, & peutêtre les autres continents. Cette inondation peut seule avoir deplacés ces animaux des regions australes leur patrie,* d'*Elephants,* de *Rhinoceros,* de *Buffles,* de *Bisons* de l'Amerique, & d'autres animaux de grande taille, est bien capable de fixer l'attention. Nous ne remarquerons entr'autres pièces qu'un des cranes de *Rhenocerot,* qui a 33 pouces de longeur sur 11 pouces 9 lignes de large, une corne du même animal, dont la longeur est de 33 pouces 3 lignes, & un crane de *Buffle* fossile des plus gigantesques, ayant 21 pouces de longeur sur 13 pouces 11 lignes de largeur. On ne connoit plus aujourd'hui d'individus de cette taille énorme ni aux Indes, ni en Afrique, ni parmi les Bisons de l'Amerique boréale.

Dans le reste des ossements, qui forment notre collection en ce genre, nous suffira de citer *la massacre du bouc sauvage,* qui porte le bezoard, & qui a été envoyée de Perse par feu Mr. le Pro-

---

patrie, & les avoir transportés dans les regions glacées du Nord, où l'on les trouve actuellement confondus dans des lits de sables, le long des fleuves de toute l'Asie boréale. V. T. XVII. des *Comm.*

Profeſſeur *Gmelin*, les cornes de *Mouflons* de Sibérie, qui peſent jusqu'à 15 à 20 livres chacune, les ſquelettes d'un *Elephant*, d'un *Lion*, d'un *Loupcervier* & du *Port-muſc*, pluſieurs dents du *Boeufmarin*, & du *Manati*, des têtes de *Babyrouſſes* remarquables par leurs defenſes crochues, & enfin diverſes depouilles de *baleine*, qui en formoient avant l'incendie un ſquelette entier.

Une magnifique collection d'oiſeaux occupe les autres armoires de cette ſalle. Leur nombre, qui va au delà de 1200 pieces, repond aux autres parties de ce cabinet, & lui aſſure encore une des premieres places.

Les plus grands & les premiers, qui ſe préſentent, ſont l'*Autruche* & le *Caſoar*.

Rien n'aproche de la beauté des *oiſeaux de Paradis*, des *Perroquets* & *Perruches*, des *Troupials*, des *Colibris*, du *Faiſan doré* de la Chine, du *Corlieu* de Surinam. -- --

Mais pourquoi chercher à ſe glorifier de la beauté du luſtre des oiſeaux des climats éloignés,

lorsque

lorsque l'Empire Russe nous en fournit un nombre considérable, que la nature n'a pas moins distingués par la beauté de leur plumage, par la noblesse de leur port, & par les singularités, qu'offre leur naturel.

Nos *Faisans* sauvages ne le cedent en rien aux étrangers; & qui n'admirera les belles couleurs de nos *Flamingos*, de la *Poule-Sultane*, de nos *Corlieux* verds-dorés, de nos *Geais*, de nos *Coracias*, du *Loriot*, de nos *Guepiers*, des *Alcyons*, de l'*Etourneau* couleur de rose, des *Fauvettes* de Sibérie à gorge rouge ou bleue, des *Mesanges* bleues & barbues, des *Gros-becs* & *Pinçons* de Sibérie couleur de rose, des *Alouettes* de neige, & de tant d'autres; l'élegance de l'*Egrette* & des *Herons* est également remarquable ainsique l'art du *Remes*, qui construit ces nids en bourse tant de fois admirés.

Il n'y a pas de curieux, qui n'ait été frappé de la quantité & de la varieté de nos oiseaux de proye. Quoi de plus singulier que l'assemblage des différentes especes de *Ducs* & de *Chouettes*? parmi lesquels

quels nous conservons nombre de *Harfangs* ou *Hiboux* blancs de Sibérie, & quelques especes de *Chathuants* propres à ce pays, & faits pour braver la rigueur du climat arctique.

Nous sommes tout aussi bien fournis en *Aigles* de presque toutes les especes, de *Faucons pelerins*, de *Laniers* & d'*Autours* différens pour le plumage, outre un grand nombre d'especes moins estimées, comme le *Jean le blanc*, le *Hobereau*, la *Cresserelle* l'*Emouchet*, l'*Emerillon*, la *Soubuse* pattue, la *Bondrée*, la *Harpaye*, l'oiseau *S. Martin* & les *Ecorcheurs*. —

Vne de nos principales pieces en ce genre est le *Jelloo* Mongole ou le *Vautour barbu* de Sibérie, qui a neuf pieds de vol, & qui répond en tout à la figure, qu'a donné Mr. *Edwards* *) de son Vautour d'Afrique.

Quelle étonnante variété que celle de nos oiseaux aquatiques. Dans le nombre se voyent diffé-

---

*) *History of Birds* T. V. p. 2.

différentes efpeces de grands *Goilards*, de *Mouettes* & d'*Hirondelles* de mer; des *Plongeons*, des *Grêbes*, des *Foulques*, des *Râles d'eau*, des *Cormorans*, le *grand Goifier*, des *Harles*, nombre de *Pluviers*, de *Becaffes* & d'autres oifeaux, qui frequentent les eaux, dont le plus grand eft la *Grue blanche* de Sibérie, qui eft des plus remarquables. -- Je ne finirois pas s'il falloit détailler toutes les efpeces de *Canards*, les *Chipeaux*, les *Souchets*, les *Sarcelles*, les *Millouins*, les *Morillons*, les *Rouffets*, les *Macreufes*, les *Tadornas*, les *Bernacles*, & autres *Oies fauvages*, dont nous confervons les depouilles empaillées avec art.

Les varietés d'oifeaux qui ont blanchi meritent encor l'attention des curieux; nous nous bornerons à citer quelques *Corbeaux* tachetés, une *Corneille* & une *Pie* presque entiérement blanches, un veritable *Tetras* ou *Coq de Bruyere* très réconnoiffable par fa queue en faucille, & qui eft de la plus parfaite blancheur, un *Canard* d'un blanc fale, un *Martinet*, & quelques *Moineaux* blancs. --

La fuite des oifeaux de mers du Nord & du Kamtfchatka eft des plus complette, elle contient entr'auentr'autres l'*Albatros* de la grande mer, les *Oies* qui fournissent l'Edredon, plusieurs especes de Perroquets de mer peu connues, les *Peterils* & d'autres, qui ne se trouvent que rarement dans les cabinets étrangers.

Descendons en bas dans le troisieme apartement. La nature y étale les mêmes merveilles. Vous y trouverez dans 18 armoires vitrées les préparations anatomiques de Ruysch, rangées suivant les divisions, que cet auteur a observé dans ses tresors anatomiques, & qui regardent successivement *l'épiderme*, & la *peau*, les *muscles*, le *cerveau*, les *sens*, les *poumons* & le *coeur*, l'*estomac* & les *intestins*, le *foi*, la *ratte*, le *pencreas*, les *reins*, les *parties* nobles, les *enveloppes* de foetus, les *embrions*, & les *foetus* formés, auxquels on a ajouté les *parties malades* du corps & les *monstres*. Chaque piece en est instructive. Mais comme il est impossible d'en faire ici l'énumeration, quelques observations générales suffiront.

Dans le nombre des pieces, qui se distinguent par la delicatesse de l'injection, l'oeil est la premiere.

re. On y remarque d'abord la *Choroide*, dont la furface extérieure fait voir la direction de fes vaiffeaux, & des nerfs, dont elle eſt parſemée; la *Ruyſchienne*, qui eſt une lame différente & ſeparée de la choroide, puis la *Retine* & l'*Iris*, dont le tiſſu n'eſt qu'un prolongement de vaiſſeaux. Un *Oeil* enfin qui préſente à découvert toutes ſes différentes tuniques, la *Sclerotique*, la *Cornée*, la *Ruyſchienne*, la *Choroide*, la *Retine*, le *Ligament* & les *Procés ciliaires*. Quelle fineſſe dans toutes ces parties! Quelle dèlicateſſe dans toutes ces injections!

On retrouve le même art dans l'injection des *Paupieres*. Deux pieces ſurtout l'emportent ſur les autres, on y voit les *Points lacrimaux*, les *Conduits* de *Meibom*, & la *Peau intérieure* (*cadnata*,) de la paupiére, même mieux que dans un objet vivant.

Dans toutes ces préparations on ne peut qu'admirer l'adreſſe de l'auteur & ſon bonheur. On a beau injecter les yeux; entre cinquante il n'y en aura peutêtre pas un ſeul, qui puiſſe être comparé au moins parfait de notre collection. Ruyſch,
comme

comme l'on fait, decouvrit, ou pretendit avoir decouvert une membrane singuliére dans l'oeil, c'est celle qu'on nomme la *Ruyschienne*, & dont nous venons de faire mention. Pour soutenir son honneur & sa decouverte, il n'épargna ni tems, ni peines, ni depenses, en préparant si superieurement l'oeil & toutes ses parties, comme nous les voyons. Je sais que les anatomistes modernes se sont fortement opposés à la différence, qu'il fit entre la choroide & sa Ruyschienne; cependant on ne peut refuser les plus justes éloges à l'adresse superieure de Ruysch, qui sut partager la choroide en deux lames.

Ce qui merite encor notre attention, ce sont les vaisseaux du cerveau, qu'on voit dans la *pie mere* injectée. Quelle quantité surprenante d'arterioles? de la plus grande finesse, & qui se repandent dans le cerveau, quoiqu'elles ne contribuent en rien à la composition de la substance medullaire. Quel admirable tissu que celui des vaisseaux injectés de la *pie mere*!

Les

Les pieces préparées de la substance *corticale* du cerveau ne sont pas moins remarquables par leur beauté, que par la peine, que l'Auteur y a mise: il s'en servit & pour refuter l'hypothese de *Malpighi*, qui fait consister cette substance & la plûpart de visceres dans un assemblage de petites glandes, & pour prouver d'áprès la sienne, que les visceres ne sont effectivement composés que de vaisseaux.

N'oublions pas les pieces de la *substance medullaire* du cerveau. Elles sont toutes blanches, malgré la peine que Ruysch se donna d'injecter ce *parenchyme*, & de le rendre rouge. Elles nous servent de preuve certaine, que cette substance, n'étant pas composée de vaisseaux, sont d'une structure particuliére. Verité, qui sans les peines infinies de Ruysch seroit peutêtre encore environnée de doutes.

Nombre de préparations, que je passe sous silence, comme celles de *la peau*, de l'*estomac*, & des *intestins* confirment la structure vasculaire des visceres.

Le

Le plus beau spectacle après est l'*Angiologie* des visceres préparés en squelette, pour démontrer la distribution des vaisseaux; manière de traiter les visceres inconnue avant Ruysch. Après les avoir injecté il les infusa dans une liqueur acide, pour les depouiller par corrosion du tissu cellulaire, qui lie entr'eux les vaisseaux, de manière qu'on y voit à nud la plus belle ramification de vaisseaux, qui sortent d'une tige commune, si l'artére seule, & de deux, si la veine avoit été aussi injectée, & dont l'assemblage représente parfaitement la forme naturelle du viscere.

Plus loin est le Squelette du foye d'un enfant nouveau né, on y appercoit jusqu'aux extrémités des vaisseaux, qui poussent d'autres tuyaux plus petits en forme de pinceaux. La *ratte*, les *poumons*, & les *reins* sont préparés de même.

Les pieces, qui concernent la génération, & le progrés successif du germe, depuis le moment de la conception jusqu'à celui de la naissance, sont uniques, & sont depuis long tems l'objet de l'admiration des savans. Le nombre des embrions

&

& des foetus est de 110, ils forment une suite complette, qui va depuis la grandeur d'un grain d'anis jusqu'a celle des enfants formés.

On a peine à concevoir par quel heûreux hazard l'auteur a pu saisir un *embrion* encor enfermé dans la peau de l'oeuf impreigné, & qui ne fait que sortir de la trompe de Fallope. Quoi de plus rare qu'un *embrion*, ou l'on n'apperçoit pas encore le moindre developpement des parties externes! est-il rien de plus curieux qu'un *embrion* où l'on distingue les traits apparents du visage? peut on rien trouver de plus frappant qu'un *embrion* de la grandeur d'un grain d'orge? ou l'on voit de petites protuberances, qui ne sont que la tête, les mains & les pieds, qui commencent à se former.

De plusieurs embrions très bien conservés je ne citerai que celui qui est enveloppé de l'*amnios*, qui est si mince & si transparent, qu'on voit le foetus couché dans sa situation naturelle, & qu'on y distingue tous les membres dejà formés, je dirois presque le sexe. --- ---

Notre

Notre collection en fait de substances produites dans le corps humain contre l'ordre naturel, telles que les *vers*, les *polypes*, les *hydatides*, & le *poil*, ainsi que différentes parties du corps ou *difformes*, ou *défigurées* par quelque accident extraordinaire, ne méritent pas moins l'attention de l'observateur qui veut s'instruire. Leur nombre va au delà de 200.

La collection de monstres, qui font partie de ce cabinet, est très considérable. Les detailler seroit chose superflue, l'Académie ayant resolu de les faire graver, & le célébre Académicien Mr. *Wolff* s'étant chargé d'en faire la description anatomique; on peut assurer d'avance qu'elle donnera de grandes lumieres sur la théorie de la génération, & les autres parties de la physiologie.

Tirons le rideau sur ces objets moins propres peutêtre à réjouir qu'à blesser la vue des personnes delicates, pour en contempler d'autres, qui se présentent plus agréablement à nos yeux. Admirons la richesse que la nature a deployé sur

886 amphibies tous conservés en autant de bocaux dans la liqueur, & rangés en six armoires vitrées. Nous rapportons à la classe des amphibies les *Tortues*, les *Grenouilles*, les *Crapauds*, les *Crocodiles*, les *Lezards*, les *Cameleons*, les *Salamandres* & les *Serpents*. Malgré la diversité, qu'il y a entre ces especes, les connoisseurs y trouveront tout ce qu'il y a de plus rare & de plus curieux en ce genre.

La *Tortue cartilagineuse* ou coriace est un des plus rares morceaux, qu'il y ait en ce genre; la *Carette* se distingue par son écaille precieuse, la tortue *Midas* par sa grandeur énormé, & par les festins qu'en font les Anglois, la tortue *Scorpion* est nommée ainsi à cause de son aiguillon. — —

Parmi les crapauds nous ne remarquerons que le crapaud *cornu*, & l'espece connue sous le nom de *Pipa*. Ils sont hideux & d'une grosseur monstrueuse; mais une chose digne d'admiration c'est la maniere extraordinaire dont cet animal se reproduit, & la façon, dont la femelle fait éclorre éclore son frai dans la cellulosité de son dos; phenomène que *Fermin* a developpé dans un traité particulier & publié à Maſtricht en 1770 en 8. ſ. t. *Développement parfait du miſtère de la génération du fameux crapaud de Surinam nommé Pipa.* L'Auteur étant à Surinam a eû, dit-il, autant de bonheur, que d'attention, & d'aſſiduité pour ſaiſir la nature dans ſon operation ſecrette. Voici le fait: la femelle pond des oeufs. Le mâle s'en ſaiſit avec ſes pattes, les transporte ſur le dos de la femelle, & les feconde. Au bout de 83 jours elle met bas les petits crapauds de ſon eſpèce, qui ſortent des cellules dorſaires, ou ils étoient logés. Elle ne ſauroit porter, ou couver ſon frai qu'une ſeule fois. Nous avons auſſi des des *foetus* ou *embrions* de Pipa.

Parmi les grenouilles nous comptons auſſi toute une famille de *grenouilles à queue*, autrement nommées *Jakies*. On pretend que ces grenouilles ſe transforment en poiſſons, & ces animaux, tels qu'ils ſont, paroiſſent rendre la choſe croyable. Mais toute cette métamorphoſe doit être

être regardée comme une fable, qui doit son origine à ce, que les tetards de cette espèce de grenouilles de Surinam sont, proportion gardée, beaucoup plus grands que la grenouille parfaite, & que ces tetards, qui ont, comme dans les espéces de l'Europe, la forme de poissons sans pattes, diminuent de grosseur, à mesure que les membres de la future grenouille se dévoloppent.

Un spectacle des plus curieux encore c'est le *Crocodille*, qui à demi caché dans la coque d'un oeuf, gros à peu près comme celui d'une oie, touche au moment de sa naissance. Qui croiroit que cela dût faire un jour un animal aussi rédoutable? -- --

La collection des lezards est des plus nombreuses & des plus choisies. Il suffit d'en citer le *Sauvegarde*, si tant est, que par son cris il avertisse l'homme de l'approche du crocodille, l'*Iguana* goitreux & marqué d'un rang de dents, ou de pointes élevées, qui regnent sur le dos, le *Stellion*, dont les Americains font souvent leur repas, le *Ticoixin* ou le *Lezard saxatile*, armé de pointes

tes, ou d'écailles herissées d'épines, & qui se retire dans les endroits pierreux, l'*Ameiva* picoté de points noiratres, & dont la queue est fourchue, le *Seps* & le *Chalois* tachetés de rayes, le *Lezard à barbillons*, le *Cordyle*, qui entortille sa queue, le *Scincus* fameux par la vertu aphrodisiaque, que lui ont trouvés les orientaux. N'oublions pas l'*Agama*, le *Colotys*, les *lezards volans* ou *Dragons ailés*, animaux non fabuleux, & le *lezard serpent*.

Restent les *Cameleons*, qui ne vivent aisement que sur les arbres: leur langue, qu'ils dardent, est couverte d'une matiere glutineuse, qui arrête tout ce qu'elle touche. Ces animaux changent-ils veritablement de couleur? & en changent-ils au gré de leurs passions plutôt que par l'influence des objets étrangers? — — Viennent les *Jeckos*, qui n'attaquent jamais l'homme, mais dont la bave est reputée venimeuse, au point que les Arabes ont nommé ces animaux le pere de la lèpre. — Les *Salamandres* parsemées de verrues & de taches jaunes, elles ont perdu aujourd'hui de la reputation

fabu-

fabuleuse, qu'elles avoient chez les anciens, de pouvoir resister au feu.

Les *Serpens*, genre d'amphibies aussi surprenant par le nombre de ses espèces, que par l'admirable éclat de tant de couleurs si variées, ne meritent pas moins d'attention, & notre recueil, qui monte à 437 pieces, fournit assés de quoi satisfaire la curiosité.

La premiere place meritent le serpent *Idole*, ou *Boa* ainsi nommé parcequ'il suit les troupeaux, auquel les habitans des autres continens adressent un culte religieux, le benin & doux *Esculape*, que les anciens consacroient au Dieu de ce nom, & que les Romains gardoient dans leurs maisons, plusieurs serpens *à Sonnette* fameux par le poison mortel, qu'ils portent, & dont la queue se termine par un assemblage de grelôts ou d'anneaux contigus & creux, que le moindre mouvement de l'animal fait resonner, & qui se renforcent chaque année, le *Najà* ou *Cabra de Capello* des Espagnols, qui porte aussi le nom de *Serpent à lunette*,

lunette, le quel lui vient de l'empreinte d'une lunette, qu'il a sur une partie du corps, dont il augmente & diminue la largeur à son gré, le *Ceraste* ou le Serpent cornu d'Egypte, qui a de chaque coté au dessus des yeux une pointe relevée, la quelle avec l'age prend la forme d'une épine. — — Suivent les Serpents *à deux* & *à quatre pattes*, les *aveugles coecilia* ou *anvoye*, qui ont les yeux très petits, les *Amphisbenes* ou *double-marcheurs*, qui ont le bout de la queue si gros & obtus, qu'on a souvent de la peine à le distinguer d'avec la téte, ce qui a enduit en erreur les anciens, qui lui ont attribué deux têtes, & la proprieté d'avancer par les deux extrémités indifférement, le *Dipsas*, qui tire son nom de la soif, qu'il cause, dit-on, à ceux qu'il a mordus — — les *Vipères*, qui ne bondent ni se sautent point, comme le reste de serpents, & qui sont vivipares. C'est la principale différence, qui les distingue, les femelles des autres espèces font des oeufs, qu'elles couvent & font éclorre ou au soleil, ou dans leurs rétraites, ce que prouvent plusieurs de leurs ovaires & de leurs oeufs, que nous gardons. — — Nous passerons sous silence

lence le *Padora*, le *Maleagre*, le *Pathola*, le *Ahaetoulla*, le *Saurita*, & d'autres espèces distinguées les unes par des *colliers*, les autres par des *rayes*, celles-ci par des *bandes* ou par des annaux &c.

Nous voici aux *Poissons*. Deux grandes armoires en sont remplies. Le nombre va à 353, dont plusieurs espèces sont rares & très recherchées. Nous y comptons différens *Requins*, poissons des plus formidables & des plus voraces, la *Torpille*, qui par une espèce d'émanation électrique engourdit le corps, qui la touche, auprès on voit des *Rayes* comprises dans le même genre, & des ovaires de ces mêmes poissons, plus loin la *Mole* qui représente une tête de poisson sans corps & sans queue, les poissons *Coffres* couverts d'une écaille composée de polygones, & qui tient au corps, le *Crapaud* de mer, l'espèce appellée *Pegase*, les *Ventres enflés*, les *Guapervas*, les *Porcépics*, le *Congre*, l'*Ophidion*, le *Trichiurus*, les *Fistularia*, des *Bagres* cuirassés, & sans écailles, quelques espèces de *Vives*, les *poissons volans*, la *Remora*

ou

ou *Sucet*, dont le dos est couvert de sillons posés en travers; il se colle aux grands poissons, qui le poursuivent, & aux vaisseaux, mais sans en arrêter la course, comme l'ont cru les anciens. On trouve ensuite plusieurs *perches* des mers des Indes, & des *Chaetodons* colorées & ornées de différentes sortes de bandes, & beaucoup d'autres espèces interessantes pour le connoisseur. — —

Cinq autres armoires sont remplies d'*insectes* distribués en 332 phioles. On remarque surtout une suite de 37 *Scorpions*, à la tête desquels on en trouve un, que sa grandeur extraordinaire, ses tenailles, ses ongles crochus, & son aiguillon pointu & courbé rendent formidable; à coté est une collection de 40 *Phalanges* & *Araignées*; si ces insectes ne faisoient pas deja horreur, la vue des *Tarentules* des Indes seroit seule capable de produire cet effet. Quand elles ont les pattes étendues, elles occupent plus de circonférence que la peaume de la main, elles vont jusqu'à attaquer les oiseaux dans leurs nids, en enlèvent les oeufs, & les rompent avec leurs pinces acerées. — — Le reste de ce recueil présente des *Escarbots*, des *Ecrevisses*, des *Scolopendres*, des *Jules*, des *Sauterelles*, des *Chenilles*, & des *Chrysalides*, d'ou les habitants des Indes voyent sortir la classe nombreuse de ces papillons, qui par leur coloris enchantent le spectateur.

Les animaux *molosses* succedent ainsi que tout ce qu'on entend généralement sous le nom de *Vers* & *Zoophytes*. Vous y trouves plusieurs *Poulpes*, des *Calmars* & des *Sêches*, animaux qui ont la propriété de repandre une liqueur noire, pour se soustraire aux poursuites de leurs ennemis, des *Anemones* & des *étoiles* de mer, la *Galère*, des *Lepas* ou *Bernacles*, des *Oreilles de mer*, la *Conque anatifère*, la *Grape* & la *Plume marines*, des *Pholades*, des *Aphrodites* ou *Chenilles de mer*, des *Corallines*, des *Meduses*, le *Gordius* & plusieurs *vers à tuyau*.

Cet assemblage composé de plus de 1500 pièces est gardé dans la liqueur: des milliers d'autres, qui sont desechées, garnissent la voute & les piliers de cette salle. D'abord aux deux extrémités

&

& tout prés des deux portes d'entrée on découvre deux *Crocodilles* suspendus, dont l'un est de 14 pieds, & l'autre de 9¾. Sous ce même plat-fond sont placés outre le *Dauphin*, dont on a parlé, l'*Epée de mer* ou la Scie de 10 pieds, poisson rédoutable aux baleines mêmes; une tête de *Narvhal*, avec sa corne torse & canélée, qui sort de sa machoire supérieure, plusieurs échantillons de ces *cornes* detachées de leur crane d'une grandeur prodigieuse, ils vont jusqu'à 7 pieds, & même au delà.

Suivent des peaux de ces *Serpens*, qui font la guerre aux chevreuils & aux cerfs, elles ont 14 pieds de long, des écailles de *Tortues*, dont celle de l'Amerique, que nous avons vu vivante à Peterhof a près de cinq pieds. Le reste du platfond est parsemé de *Poissons*, de *Crabes*, d'*Araignées* de mer, & de différens *Amphibies*.

Le pourtour des piliers, d'un coté, est paré d'une nombreuse varieté d'insectes, de petits *Escarbots*, de *Cantharides*, de *Perce-oreilles*, de *Mouches*, de *Guepes*, de *Frelons*, de *Taupe-Grillons*,

de *Fourmies*, de *Chenilles* &c. rangés soigneusement en *étoiles*, en *fleurs*, en *cercles* en *lettres*, auxquels se joignent des *Scarabées* d'une taille gigantesque, le *Cerf* & le *Taureau volants*, le *Licorne*, le *Longuemain*, le *Capricorne*, les *Papillons*, dont ceux de Surinam l'emportent de beaucoup, les *Cigales*, les *Demoiselles*, les *Feuilles ambulantes*, les *Lanterniers*. -- -- L'autre coté des piliers est tapissé de *Poissons*, de *Lezards*, de *Serpents*, de *Crustacées*, d'*Etoiles marines*, d'*Oursins* ou *Herissons de mer*, de *Meduses*. -- --

Les *Zoophytes* ou plantes animales, dont la nature tient de la plante & de l'animal, sont placés en partie au dessus des armoires, & le reste se trouve dans la salle en haut.

Quant aux objets du regne végétal nous possedons les *Herbiers* de *Ruysch*, d'*Amman*, de *Gmelin*, de *Steller*, de *Heinzelman*, & une partie de celui de *Sloane*. Malgré la perte, qu'ils ont soufferte dans l'incendie, dont il a été fait mention, les plantes ne laissent pas d'y monter à 16000.

La

La derniére acquisition faite en ce genre n'est pas moins considérable, tant par le nombre, que par la rareté des plantes recueillies dans toute l'étendue de ce vaste Empire, & surtout dans les deserts salés & arides de la grande Tatarie, sur les sables, qui s'étendent au nord de la mer Caspienne, sur le Caucase, dans toute la longueur des montagnes d'Oural jusqu'à l'ocean glacial, dans les Alpes frontiéres de toute la Sibérie, & sur les rochers fleuris des terreins situés au delà du Lac de Baical.

Je doute qu'on trouve ailleurs un ensemble aussi varié & aussi complet. Si nous y ajoutons les piéces *doubles*, que nous avons rangé à part, & la quantité de celles, que nous gardons dans le bas des armoires, aussi bien que la belle collection d'*insectes* ramassée par Mrs. les Académiciens, j'ose dire que notre cabinet, sans qu'il soit besoin d'avoir recours aux ornemens étrangers, pour en reléver l'éclat, peut être compté parmi les plus fameux dépôts, quelques riches qu'ils soient, que l'Europe puisse produire.

La disposition, qui regne dans le cabinet repond parfaitement au sistéme de *Linné*. C'est Mr.

Mr. le Profeſſeur *Pallas*, qui eſt occupé à en dreſſer de nouveaux regîtres, que l'Académie ne manquera pas de publier, & qui ſeront reçus avec plaiſir.

Paſſons aux objets *du regne minèral*, dont la varieté eſt proportionnée à la richeſſe, que la nature repand ſur ſes productions dans les entrailles de la terre.

Nous en avons trois collections compoſées de plus de 8000 pièces ſeparées entr'elles, le manque de place, qui ne nous permit pas de les ranger à la file dans un ordre ſuivi, nous ayant forcé de les remettre chacune dans des endroits, éloigné l'un de l'autre.

Une de ces collections formée par les recueils de *Seba*, de *Gotwald*, d'*Areskin*, de *Meſſerſchmidt*, & des pièces envoyées de tems en tems par le departement des mines, ou par d'autres particuliers, ſe trouve dans deux chambres au troiſième étage d'en bas. Ces objets étant plus propres à entretenir l'attention du connoiſſeur qu'à charmer la vue des ſimples curieux, on a eû ſoin d'incruſter le plat-

fond

fond de ces deux chambres, de coquillages & de minéraux, tous disposés en bouquets de fleurs, de jets d'eau & d'autres figures enjolivées d'or & de couleurs, ce qui forme un des plus beaux coups d'oeil. L'arrangement de ce cabinet, qui remonte des minéraux les plus vils aux metaux les plus precieux, se raporte à la methode de feu le Professeur *Lehman*. En voici le détail.

La I. classe renferme les *Terres* au nombre de - - - 336 pièces.

La II. - - - les *Sels*, dont les différentes sortes sont le Vitriol, l'Alun, le sel commun, le Salpetre, le sel Ammoniac &c. 148 ---

La III. - comprend les *minéraux combustibles*, qui sont le souffre, le Naphte, le Bitume, le Succin, l'Asphalt, les charbons, le bois bituminé &c. - 136 ---

La IV. - contient les pierres *calcaires, vitrifiables, refractaires & composées* ou *roches* - 1258 ---

La V. - - - les *petrifications* - 669 ---

La VI. classe contient les *demi-metaux* qui sont le Mercure, le Cinnobre, l'Antimoine, le Cobalt, le Zinc, le Bismuth. &c. - - 173 pieces.

La VII. - - les *metaux parfaits*
l'or - - - 108
l'argent - - 269
le cuivre - 1016
l'etain - - 72 } - 2133 ---
le plomb - 198
le fer - - 470

La VIII. - - les *préparations* artificielles de minéraux - - 66 ---

———————
4909.

Ces minéraux sont distribués dans des armoires garnies de glaces & de tablettes, & partagées en bas en differents tiroirs.

Les *petrifications*, qui occupent la premiere chambre, offrent nombre de tronçons de bois petrifié & bien caracterisé. Les pièces, qui s'y distinguent les premieres, sont un tronc agathifié, qui

qui pourroit disputer à la plus belle agathe le beau poli, & une tabatière d'une beauté & d'une couleur singulières, faite d'un chêne petrifié de Coburg, & ce qui augmente son prix, c'est que nous l'avons reçue des mains de S. A. S. Madame la Landgrave de Hesse-Darmstadt en visitant la cabinet.

Je passe sous silence les lithophytes, les hippurites, les glossopêtres, les belemnites, les trochites, les asteries, les encrinites, les cochlites, les cornes d'Ammon & nombre d'autres fossiles. Je n'en nommerai qu'une superbe *tête de Meduse* petrifiée, & *le Sqelette* d'un poisson de la grandeur de 2½ pieds imprimé sur l'ardoise; ces deux pièces, trouvées dans les environs de Canstadt dans le duché de Wurtemberg emportent le suffrage des connoisseurs.

Parmi les minéraux étrangers nous remarquons particuliérement une masse *d'or* natif de la Chine, du poids de plus de cent Ducats, attachée au quarz blanchâtre; le *sable* d'or de la *) Boucharie du

---

*) *Voy: le Memoire historique sur le sable d'or dans la Boucharie inseré au T. 4 der russischen Samml.*

du poids au delà d'un livre confiste en des grains & des globules d'or massif, quelques échantillons de *Platino del Pinto*, une *pierre* rouge-noire richement *mouchetée d'or natif*, qui vient des minières de Perou entre Rio de las Plattas & Rio de las Amazonas.

Deux morceaux d'or sans le moindre mêlange de parties hétérogènes, de la valeur de 69 Ducats, trouvés à Novianski*) meritent la préférance entre les 38 mines d'or de la Russie, qui font partie de ce cabinet, & qui pour la plûpart sont d'une richesse extraordinaire.

Les mines d'argent *de l'isle des ours* l'emportent sur tous les autres, si nous en exceptons cette belle & grande *masse d'argent vierge* du poids de plus de 7 livres, & de forme d'une corne, des minières de Kongsberg en Norwege, la même qui fut présentée à Pierre le grand, lorsqu'il fut voir le cabinet à Copenhague.

Les

---

*) *C'est la même masse dont Mr. le Prof. Pallas fait mention dans le second Tome de son voyage qu'elle ait été trouvée dans le tronc d'un arbre brulé.*

Les autres classes sont moins abondantes en pièces rares & curieuses. Les meilleures se reduisent à un gros morceau de cuivre natif d'une des isles à l'Est du Kamtchatka connue sous le nom de l'isle de cuivre (мѣдной островъ), à une grande pierre d'Azur, à plusieurs échantillons d'Asbeste ou d'Amiant, accompagnés d'une pièce de toile incombustible, & des morceaux de papier, que l'art en a tiré.

Pour se former une idée de la structure intérieure des montagnes, & des travaux souterains par lesquels l'on exploite les mines, on a apliqué dans le coin de cette chambre une minière, ou l'on voit travailler les mineurs : il s'y trouve encore un recueil complet de fournaises & de groupes à machines qui expliquent toute la mécanique, & tout le travail, qu'il faut, pour fondre & pour affiner les metaux. Le tout enfin est entouré de mineurs habillés à leur manière.

A la suite de ces minéraux je mets les coquillages de rivière & de mer, qui sont dans la

P même

même chambre; une pièce en 24 tiroirs les contient au nombre de 698: ils font rangés fuivant la methode de Rumph. Il y en a de belles, quoique les plus rares y manquent. Une niche pratiquée dans l'encoignure préfente les doubles, & d'autres productions marines pierreufes.

Une autre pièce contient une belle collection de criftaux & de pierres fines, d'Agathes, de Coralines, de Calcédoines, de Jafpes, de Lapis Lafuli &c. tant brutes que taillées & polies, enfin une fuite nombreufe de fuccin. Un des plus beaux ornemens de ce cabinet eft une pyramide compofée de différentes pierres precieufes, qu'on trouve en Ruffie, dont la beauté & la varieté de couleurs ne peuvent que charmer la vue.

La feconde collection de minêraux, que nous poffedons, fe trouve rangée dans la gallerie. C'eft celle que l'Académie achêta il y a quelques années. Elle a été recueillie avec beaucoup de choix.

Les

Les mines d'or y montent à - 102
— — d'argent y compris les rouges,
les blanches, les vitreuses &
celles à plume à - - 666
— — de cuivre à - - 270
— — de plomb à - - - 111
— — d'étain à - - - 130
— — de fer à - - - 186
Les Demi metaux à - - 332
Les Pierres, les petrifications &c. à - 723
———
2520.

Chacune de ces classes offre les meilleures & plus rares pièces, tirées non seulement des ières de Saxe & de toute l'Allemagne, mais de celles de Hongrie, de Transylvanie, de heme, d'Italie, de Norvege & d'Angleterre, & e de celles du Japon, de Guinée, de Suma- de Panama, de Mexique, de la nouvelle Yorck, Porto de Ricco &c. Parmi plusieurs riches es d'argent on remarque une masse d'argent

P 2 vierge

vierge tirée de la minière *drey Königs Stern* d[ans] le Duché de Wurtemberg. Elle est pure sans a[u]cun melange, de manière, que sans la faire f[on]fer par le feu, on en a frappé des espèces; & nous conservons même une pièce.

J'y joins une mine d'argent cornée (*Lu[na] cornea*) de Johan Georgenstadt en Saxe. On [sait] que ce minèral est fort riche, & très recher[ché] des connoisseurs; des morceaux de la grande[ur] comme le notre sont au dessus de tout prix.

Les *hemathites* aussi bien que les mines [de] *Cobalt*, & les colorées d'*antimoine*, & les gro[u]pes de *spath*, ne sont pas moins à considérer.

Le troisième cabinet de minèraux ne co[n]fte qu'en des mines & productions originaires [de] Russie, & recueillies par les Académiciens pend[ant] leur voyage dans l'Empire. La disposition en [a] été faite par Mr. le Professeur *Laxman*, & no[us] sommes actuellement occupés de son arrangeme[nt].

Sans m'arrêter à le détailler, je n'en nomm[e]rai que deux ou trois pièces, qui me paroisse[nt] d[ignes]

plus remarquables. La première est un grand
nc de bois petrifié en grés blanc, tout ron-
é par les vers, dont on voit encore bien distin-
ement les traces. Il fut envoyé par Mr. le Pro-
eur *Falk*, & est tiré d'un lit de sable, qui se trou-
au dessus des couches calcaires, lesquelles co-
yent le Volga aux environs de Sysran. L'en-
it, ou ces sortes de petrification se trouvent
abondance & en différente grandeur, est la
uteur du village Troubetschina. Les Paisans
fondent la terre sabloneuse avec le premier in-
ment de fer qu'ils trouvent sous leurs mains,
ne fouillent que là, ou ils sentent de la resi-
ce pour avoir de ces blocs petrifiés, qu'ils
dent en ville pour des pierres à eguiser.

Deux autres troncs de chene petrifiés & entié-
ent mineralités, l'un de 9 pieds en circonsc-
ce, l'autre de 8 pieds furent envoyés par Mr. *Pallas*,
tirés des mines de cuivre fur la petite rivière
rgala, qui se jette dans le Sakmara, pas bien
in de la Ville d'Orenbourg. Les couches de
és, qui regnent aux environs de cette petite
riviére,

riviére, & tout le long de la lisiére occidenta
des montagnes d'Oural, sont également abondan
tes en mines de cuivre de différente bonté, & e
ces sortes de petrifications végétales, qui accom
pagnent presque toujours ces mines, & sont preu
ve, que ces couches, ou l'on ne trouve jamai
des productions marines, ont été deposées pa
un deluge posterieur à ces tems d'enfance de n
tre globe, ou les plaines se trouvoient encore cou
vertes par la mer.

Un morceau de *fer naturel*, qui fait parti
de cette immense masse decouverte par le mém
Acadèmicien sur la croupe d'une des hautes mon
tagnes, qui sont partie de la bande schisteuse d
Alpes Sajanes, aux environs de la rivière de J
nisei entre Krasnojarsk & le bourg Abekansk, e
encore plus important pour les connoisseurs. L'
xamen de cet échantillon pourra convaincre to
ceux, qui doutent encore que la nature pui
produire le fer dans l'état de malléabilité parfait
Le fer distribué dans cette masse à l'imitation d'u
tissu très grossier d'éponge est d'une ductilite pa
fait

faite, propre à être forgé en toute sorte de petits outils, & susceptible de rouille, quoique garanti naturellement d'une espèce de vernis noirâtre & vitreux. Les intervales de ce fer malléable sont exactement remplis d'un fluor transparent jaunatre, distribué par grosses goutes, qui pour la plûpart sont taillées en façettes. Le tout se trouve si exactement lié, &, pour ainsi dire, incorporé, que l'art ne pourroit jamais produire rien qui ressemblat à ce mélange intime, sans detruire la pureté du fluor, & la malléabilité du fer, art que la nature seule a pu exécuter à la faveur peutêtre de ses fournaises souterraines.

Terminons cet article par quelques reflexions générales. Les minières de *Schlangenberg* dans les montagnes d'*Altai* sont pour ce qui regarde leur raport en or & en argent, les plus remarquables dans toute l'étendue de l'Empire. J'ose dire qu'il n'y a peutêtre de leurs s'emblables au monde. Qui connoit d'autres minières? qui ont rapporté année commune, comme cellesci le font actuellement, plus de 40000 livres d'argent, &

jusqu'à 1600 livres d'or. Parmi les autres minières dans la même chaine de montagnes celle de *Semenofski* se fait remarquer par des *flocons d'argent vierge* distribués dans une ochre martiale; la *Marckscheiderskaja* par les *mines de plomb spathique crystallisées*, & la *Tschigirskaja* par de *beaux cristaux de cuivre*, & par quantité de *grouppes de Spath*.

Les *pyrites* de cuivre violettes, qui viennent de la minière de *Karysch*, aux environs de Krasnojarsk sur le Jenisei, contiennent de l'*or mineralisé*. Les minières de *Beresovskoi*, aux environs de Catherinenbourg brillent par la singularité de leurs mines, particulièrement par celles d'or tant *cubiques*, qui en font le principal produit, que *quarzeuses*, qui ressemblent en legéreté & par leur porosité à la pierre ponce, & surtout par la mine de *plomb spathique rouge*, que les derniers voyages ont encore fait decouvrir dans un autre gros filon marneux au nord de Catherinenbourg dans la montagne de grés appellée *Totchilnaja*. Qui ignore les superbes *Malachites* de *Goumechefskoi*, & des minières appertenantes au marchand *Pochodä-schin*

schin sur la rivière Tourja au nord de la Ville de Werchotourie. Des *Aimans* d'une force & d'une grosseur sans exemple viennent de différents endroits des montagnes d'*Oural*, si riches d'ailleurs en mines de fer, qui en cinq ou six places y forment des montagnes entières, & donnent cette abondance d'excellent fer, qui nous a rendu rivaux des Suedois dans une branche de commerce très considérable.

Nous avons en ce même genre quelques productions très singuliéres, comme la *mine de fer blanche, marneuse & spathique* de *Jeniseisk*, les *hemathites* figurées des montagnes d'Oural, des *troncs d'arbre changés en mine de fer* très riche, qu'on a découvert en deux endroits de la dependance de Krasnojarsk aux environs de Jenisei, les *ochres* martiales dont celles des environs de Catherinenbourg, contiennent de l'or, & celles, qu'on exploite en différents endroits des montagnes d'Altai, & aux environs de Nertschinsk, sont souvent plus abondantes en plomb & en argent, qu'en fer. On tire de ces mêmes minières de Nertschinsk cette mine de plomb blanche à gros cubes, qui renferme de l'or & de l'argent à un tel degré, que celle de la minière de *Serentouiskoi* rend jusqu'à 50 drachmes d'or fur cent livres pefants. D'autres fouilles raportent des mines d'Antimoine pas moins riches en or. Aux environs de la rivière Ildina fe trouve une montagne, remplie de foufre natif. Nous en connoiffons une autre fur le Volga près de Samara, fameux par le plus beau foufre cryftallin, qui fe rencontre en grandes maffes au milieu d'une matrice feleniteufe.

Les minières du gouvernement d'Orenbourg & de Permie, malgré qu'elles ne rendent pour la plûpart que des fchiftes & des mines terreufes de cuivre, ont cependant en partage une prodigieufe abondance de bois petrifiés & mineralifés ailleurs fi rares, & mêmes des os mineralifés, que l'on decouvert dans quelques unes. Nous avons de plus un fpat phosphorique très reffemblant à la fameufe pierre de Bologne, qui s'eft trouvé aux environs de Kafchpour fur le Volga. Pour ne rien dire des mines & fontaines de naphte, & d'afphalt, & de foufre, que l'on trouve au pied de Caucafe, de même que fur la petite rivière Sok, qui tombe dans le le Volga, & dans les montagnes, qui cotojent ce dernier fleuve, entre les Villes de Samara & Sysran; ni de la grande abondance de sel alcalis (natrum) & de sel Glaubér natif, qu'on trouve mélés à différentes proportions sur les fonds salés des déserts d'Astrachan & de Sibérie, (dont on a au moins quant au dernier des lacs entiers & même une espèce de carrière), ni de la prodigieuse varieté de petrifications calcaires & pyriteuses, dont les environs de Moscou & tout le Volga abondent.

Pour ne pas trop nous écarter de notre but il est tems de visiter les chambres, où se trouvent distribuées nos raretés precieuses.

Le plat-fond y est de stuc, & les murailles sont ornées de plusieurs tableaux originaux de Rembrandt, de Houchtenboug, de Lingelbach, de Verguson &c.

C'est ici que l'on a placé les belles miniatures de plantes & d'insectes peintes par la Merian. -- -- *Trois gobolets d'argent* meritent d'avoir place ici, comme étant les mêmes qui furent présentés à Pierre le Grand, lors qu'il fit lancer les vaisseaux construits

ruits sous sa propre direction. Un de ces goboets, c'est celui que son Epouse lui présenta, contient
ie suite de 65 medailles des rois de France, nomre égal à celui de canons, dont le vaisseaux étoit
onté. *Un autre* qui est d'or massif pêse près de
uatre livres, & fut offert par la Ville de Wibourg,
rsqu'elle prêta hommage à son vainqueur.

Un chef-d'oeuvre de l'art, pour emporter l'adiration des amateurs, est une grande *coupe d'or*,
ui fut présenté à l'Impératrice Catherine de la
art du Roi de Dannemarc. Cette coupe est muie d'un couvercle, soutenue de trois dauphins, &
naillée d'azur. Ce qui la rend precieuse, c'est
e tout autour se voyent enchassées quantité de
erres fines antiques & modernes, qui ont été tailes par les plus habiles ouvriers.

Nous laisserons là plusieurs coupes d'agate, de
rdoine & de crystal, pour nous arrêter à une *cor-*
à boire, telle que les cornes dont les anciens
uples du Nord se servoient dans leurs repas. Ello
de verre, & soutenue sur trois pieds. Son emuchure est garnie de lames d'or, sur lesquelles
representée une chasse aux sangliers.

L'autre

L'autre bout offre des ornemens, dont le gout & le choix font des plus finguliers. On y voit des divinites payennes de metal, entremelées aux apotres, & au deffus d'eux le Sauveur. Il fe trouve encor d'autres Saints peins en émail fur le verre, ainfi qu'une infcription arabe, que je n'ai pu dechifrer, au bas de cette infcription eft un croiffant & deux épées mifes en fautoir. Une autre infcription en langue hollandoife & gravée fur la bordure eft de 1551, & defigne le nom de celui, qui poffédoit cette corne dans ce temslà.

Après, on voit le *modele de la fontaine de la place Nerone à Rome*, elle eft d'argent du poids de plus de 7 livres.

La décoration de cette fontaine paffe pour un des plus beaux ouvrages qui exiftent en ce genre. Elle eft formée par un grand rocher percé en quatre endroits, fur lequel font placées les ftatues des quatre grands fleuves de la terre, le Danube, le Gange, le Nil, & la Plata. Sur la pointe du rocher s'éléve un obelisque *) de granite rouge chargé
de

---

*) C'eft cet Obelisque qui a fourni au P. Kircher la matiére d'un ouvrage f. t. *Obeliscus Pamphilius*,

de hieroglyphes, le même que l'Empéreur Caracalla fit transporter d'Egypte à Rome, & qui fut placé ici fous le regne du Pape Innocent X. --- --- Un *Ciboire* d'argent doré enlevé de Dorpat du tems de l'invafion du Tfar Ivan Wafilovitfch en Livonie. Il eft très bien exécuté & dans le gout de l'ancienne architecture gothique. ---- Plufieurs trophées turcs, entr'autres la *clef* d'argent, qui fut préfenté à l'Empéreur en 1722 à fon entrée à *Derbent*, avec le *plat*, fur le quel élle avoit été mife. -- -- Différens *poignards* d'or tatares & indiens, les uns emaillés, les autres ornés de perles & de rubis: -- à côté eft un autre *poignard*, que les figures, qu'on y voit fculptées en argent, & d'un deffein, qui tire de l'antiquité, font prendre pour une depouille de l'ancienne Grece. La garde eft d'un agate oriental. Sur le pommeau l'on voit le jugement de Paris, le long du fourreau des combats équeftres, & au bout les jeux de l'amour. --- ---

Mais

---

philius, rempli de récherches ingénieufes & fort favantes fur l'explication des hiéroglyphes egyptiennes.

Mais ce qui de préférence mérite toute l'attention des curieux, ce font les *monuments antiques*, qu'on à tiré des tombeaux *) en Sibérie, & qu'on

---

*) *Les tombeaux, qu'on trouve dans la Sibérie meridionale, n'ont pas la même figure. On y voit sur les uns des monceaux de terre entassés à une hauteur extraordinaire, tandis que les autres sont presque aplatis; plusieurs même sont entourés de tombes ou de grands rocs, qui ont été amenés avec une peine incroyable de contrées fort éloignées, les environs ne présentant que de vastes plaines. Quant aux inscriptions on n'en a pas remarqué. On trouve dedans des squelettes d'hommes & de chevaux, quelquesfois des cadavres enveloppés dans des plaques d'or. Ces squelettes de chevaux supposent la croyance superstitieuse, que les ames separées du corps vivront de la même manière, qu'elles ont vecu ici, & que c'est ce, qui a autorisé l'usage, de mettre dans les tombeaux avec les morts les choses, dont ils ont eû le plus de besoin, & qu'ils ont le plus aimées pendant leur vie. On peut juger que ces choses là étoient plus ou moins riches, selon la qualité de la personne, qui s'en étoit servi. Voilà d'ou*

qu'on doit regarder comme autant de depouilles des richesses des Tatares, de ces peuples conquerants,

d'ou viennent ces precieuses pièces d'or & d'argent tirées des tombeaux, dont il est question. Ceux ou l'on trouve le plus de richesses sont près de Wolga, de Tobol, & d'Irtisch jusqu'à l'Obi, les tombeaux dans les deserts du Jenisei sont moins riches, & ceux, qui le sont le moins, se trouvent au delà du Lac Baical. Les ornements & la vaisselle de cuivre, que renferment les tombeaux dans quelques contrées superieures du Jenisei, font presumer l'ignorance, ou l'on étoit sur l'usage du fer, & l'on peut conclure delà que l'antiquité de ces tombeaux est très éloignée aussi bien que celle des peuples, qui ont habités ces contrées. Mr. le Conseiller d'Etat Muller croit, que ce furent les Uigures ou Jgureers peuple très policé, & qui ayant ses propres lettres n'en a emprunté d'aucune nation étrangère. On peut consulter à cet égard le memoire de ce savant sur les tombeaux en Sibérie inseré dans le Tome second des Supplements à la Russie changée. Les autres tombeaux de Sibérie renferment des Tatares, & avec eux plusieurs depouilles des fameuses conquetes, qu'ils firent

rants, & autrefois les maitres de Sibérie. Ces monuments, que l'on pourroit nommer l'*Herculanum Ruſſien*, ſont tous d'or maſſif, & conſiſtent en *coupes*, dont l'une porte une inſcription arabe de l'an de l'hegyre 617, en *vaſes*, en *diademes* *), en *ſignes militaires*, en *harnois* garnis de pierres fines, & qui repréſentent des combats avec des bêtes feroces, en *boucliers*, dont un eſt percé de fleches, en *calottes*, en *bagues*, en *bracelets*, en *colliers*, en *boettes*, en *branches d'arbres*, en figures d'*animaux*, de *boucs*, de *cerfs*, de *lions*, de *chevaux*, d'*oiſeaux*, & d'autres *idoles*, en *boettes* qui ſervoient à garder des feuilles d'Alcoran, & en pluſieurs autres *ornements* & *parures*.

firent en *Aſie & en Europe. Toutes les différentes hordes ou tribus reconnoiſſoient malgré leur diſperſion un ſeul Chef général, qui au milieu du 13 ſiecle paroit avoir eû ſa cour ou reſidence dans le deſert au deça de l'Irtiſch, & c'eſt là ou fut ramaſſée une partie de leur butin immenſe*

*) *Voy: Comm. Acad. Petrop. T. 8. ou ſe trouve la déſcription de deux de ces diademes.*

Le goût & la beauté, qu'on remarque dans toutes ces pièces, font croire qu'elles ont été fabriquées par des artistes étrangers, que l'avidité du gain avoit invités probablement à entrer au service de Gengiskhan, & à suivres les armées. Le P. Guillaume de Rubriquis, qui faisoit en 1253 le voyage à la cour du Khan Mangu, y trouva un orfévre Parisien nommé Guillaume Boucher, au quel le Prince avoit donné une somme considérable d'argent pour en faire une grande pièce d'ouvrage. Voy: le Voyage de Guill. de Rubriquis en Tatarie Chap. XXXVI & XLI.

Il ne me reste plus qu'à donner une description abregée du cabinet des medailles. Je commencerai par les medailles étrangeres. On peut les rapporter à deux classes principales. Les antiques en forment la premiere, & les modernes la seconde. Parmi les antiques nous avons mis les medailles des *familles Romaines* appellées *consulaires*, ou celles qui ont été frappées du tems de la république ou par les ordres des consuls, ou, ce que plusieurs croient plus vraisem-

semblable, par les Officiers & les Triumphirs monnetaires, qui cherchoient à consacrer & à perpetuer par ces monuments leurs noms, avec les actions de leur ancêtres; les *medailles impériales* ou celles qui ont été fabriquées sous les Empereurs. La suite de cellesci suivant l'ordre, que nous avons adopté, commence à Jules Cesar, & ne finit qu'avec la chute de l'Empire grec.

Suivent les medailles *grecques*, des *Rois* & *des hommes illustres* de l'antiquité, puis celles des *villes*, celles des *colonies* & des *municipes*.

Ce seroît m'engager dans un labyrinthe immense, & m'éloigner trop de mon but, que de vouloir décrire les medailles rares ou en indiquer les caracters distinctifs. On fait que ce n'est ni le metal ni la grandeur, qui donnent du prix aux antiques, mais la rareté de la tête, ou du revers, ou de la legende. Telle medaille en or est commune, qui est très rare en bronze, & telle sera très rare en argent, qui est commune en or & en bronze.

Notre suite des monnoies consulaires, les plus anciennes des medailles latines, si nous exceptons les Asses & les parties de l'As, dont nous en comptons aussi quelques uns, est assés considérable. Elle monte près de 900 pieces, y compris les doubles. Le nombre des familles illustres de Rome, dont il nous est resté des medailles, ne va guere au delà de 178, nous en comptons 124 dans notre collection. Elles sont toutes de bon aloi, car pour frapper des monnoies on se servit d'un métal pur du tems de la republique & même sous les Empéreurs, jusqu'à Didius Julianus, qui en altéra le titre. Elles sont encore également très bien fabriquées, & meme le coin de celles des plus anciennes familles est trop bien marqué, pour être un des premiers essais de l'art de battre monnoie, ce qui porte à croire, que les monnoies n'ont pas toujours été fabriqées du vivant de celui dont elles portent le nom. Le sentiment le plus unanime sur la fabrique des medailles latines est, qu'il n'y en cût point d'argent avant l'an 485, & point d'or avant l'an 547 de la fondation de Rome. -- --

Quant

Quant aux medailles grecques nous avons jusqu'à 300. Les antiquaires font remonter l'époque de la fabrique des premiers medailles grecques vers l'an 370 avant l'Ere chretienne, c'eſt à dire vers le regne d'Amyntas 3me, biſayeul d'Alexandre le grand, d'autres la placent au tems d'Alexandre I. ou dans l'année 479 avant l'Ere chetienne. On ſait que les medailles grecques, dès qu'on a commencé à en battre, portent les têtes des Princes, qui les faiſoient frapper, tandis que ſur les romaines on ne voit que des têtes de divinités, & ce ne fut qu'en faveur de Céſar qu'on s'écarta de cet uſage.

Le cabinet eſt aſſés riche en medailles impériales. Les têtes des Princes, qui les ont fait batre, & qu'elles repréſentent, leurs legendes, qui nous conſervent les noms & les titres de ces princes, leurs types enfin qui ont raport aux évenements, qu'ils transmettent à la poſterité, nous font enviſager ces medailles comme les preuves & les ſources de l'hiſtoire. Toutes enſemble ſe montent à plus de 6000 y compris les doubles.

Nous y comptons un *Othon* de grand bronze, dont l'existence a été tant de fois disputée, & qui selon le sentiment des Antiquaires n'a point de prix, un *Pertinax*, un *Pescenius* niger en argent & en cuivre, medaille rare de quelque metal qu'elle soit, les *Gordiens*, l'*Agrippine* de Claude, la *Domitia*, la *Plotina*. ----- Les médailles du bas Empire ne sont pas aussi complettes.

Les *modernes*, qui ne commencent qu'au 15.me siecle, offrent 1934 pieces. Celles des Empéreurs sont les premieres, suivant l'ordre, auquel nous nous sommes assujettis, succedent celles des Rois, des Electeurs, des Princes ecclesiastiques, des Ducs & Comtes regnants, puis celles des Provinces des Pays-Bas, des Cantons de Suisse, des Princes & des Republiques d'Italie, enfin celles des Pontifs, des villes & des hommes illustres; les dernieres sont les mêlées.

A l'égard des medailles russes il faut se rappeller que, pour apprécier la valeur des choses, nos ancêtres se servoient de peaux de martres,

ou

ou de morceaux de ces peaux (мортки), & au defaut de cellesci de petits lambeaux coupés sur le front des petits gris (лобки). C'est ainsi que les Carthaginois & les Romains employérent des morceaux de cuivre, & d'autres matières de vil prix, comme de la terre cuite, & du bois, pour lenr tenir lieu de monnoie. C'est ainsi encore que les coquilles servent au même usage dans l'Amerique, & dans certaines provinces de l'Asie, comme les amendes aux Maldives & dans plusieurs endroits des Indes. On auroit tort de conclure par là, que les Russes ne connoissent pas l'usage du metal. Ils le prenoient au poids en échange de leurs marchandises, dont nos historiens ne permettent pas de douter.

Ce furent les Tatares, qui introduisirent en Russie l'usage des espèces monnoyées *). On en fabriqua à Moscou & à Twer. Elles ne porterent d'abord qu'une inscription tatare. Dans la suite

―――――――――

*) Voy. Russische Sammlungen. T. V.

suite elle fut en langue tatare d'un côté, & de l'autre en langue russe. On donna à ces espèces le nom *Dengi*, qui derive du mot tatare, lequel signifie marque, ou signe. On y substitua ensuite le nom *Kopeica*, nom derivé de Konьe, ou de la lance, que le S. George tient á la main. Le mot *Denga* resta, & il signifie tantôt toute sorte d'argent, tantôt seulement la moitié d'un Kopeica.

Les Dengi tatares n'eûrent pas cours à Novogorod. Le commerce y avoit introduit l'usage des espèces lithuaniennes (гроши) & suedoises (артуги).

Enfin sous le regne du Grand Duc Wasili Dmitrievitsch les Novogrodiens commencérent à batre monnoie à leur propre coin, & la valeur intrensique de cette nouvelle monnoie surpassa de beaucoup celle de Moscou & de Twer.

Nos monnoies russes sont ainsi rangées:
La I. classe renferme *celles dont on ignore la date.* n'ayant ni inscription ni legende. Les types grossiers & difformes, qu'on voit sur les deux faces

faces reſſemblent à la téte d'un bouc, ou a un tigre, ou à un cheval, ou à une chevre, ou c'eſt une figure d'homme tenant quelque choſe à la main.

La II. contient celles, qui n'ont *qu'une inſcription en langue tatare.* Le revers repreſente des griffons, des oiſeaux, des têtes de bouc, des figures d'hommes de bout & à cheval, tenant à la main un ſabre, une lance ou un oiſeau.

La III. préſente celles qui ont *des inſcriptions tatare & ruſſe.* Le type eſt preſque le même que celui des précedentes. L'inſcription ruſſe eſt preſque toute effacée, à peine peut on y dechifrer les mots князb, ou печатb княжая въ ордѣ. Sur quelques unes on diſtingue князb Великаго Василїя, & ſur une autre on voit les lettres Дмитр... (peutétre Дмитрїя Івановича Донскаго).

Dans la IV. ſont celles qui n'ont qu'une *inſcription ruſſe,* mais dont la date n'eſt par connue,

nue, le nom du Prince n'y étant pas exprimé. Sur une on lit les mots ростожана безумна, & sur une autre, qui est la seule, le nom князь Петерb Дмитріевичb.

La V. offre celles des *Grands Ducs de Moscovie*, de Wasili Dmitrievitsch, de Wasili on ne sait le quel, de Wasili Wasiljevitsch, d'Iwan Wasiljewitsch, de Wasili Iwanovitsch. Le type réprésente ou le Prince soit assis, soit à cheval, ayant à la main une lance, un sabre ou un oiseau, ou bien un homme coupant du bois, ou tirant une flêche à un oiseau, ou bien des figures d'animaux, des serpents ailés, des coqs, des cygnes. Le revers est marqué de têtes d'hommes, de fleurs, d'animaux, ou c'est le Prince qui est à cheval & qui tue un serpent.

VI. contient celles des Princes appanagiés — de ceux de *Galitz*, & de *Swenigorod*, de ceux de *Moschaisk* & de *Bielosero*, de ceux de *Borovsk*, de *Susdal*, de ceux de *Resan*, de *Twer*, & de *Kaschinsk*.

La VII. réprèsente celles des différentes villes de la Russie, qui ont fait battre monnoye: ce sont celles de *Novgorod*, de *Plescou*, de *Moscou*, de *Twer*, de *Moschaisk*, de *Susdal*, de *Resan*. — Sur celles de Novgorod on aperçoit une figure qui réprèsente le Prince assis sur son trohne. Plusieurs l'ont prise pour celle de la fameuse *Posadnitza Marfa*, mais ils se trompent selon toute apparence, les premieres monnoyes de Novgorod étant du même coin que celles qui furent frappées après. Toutes ces pièces sont d'argent. Le type marque que la fabrique des monnoies étoit encore à son berceau. Celles de cuivre, qu'on fabriqua à Moscou, à Twer & à Kaschinsk, portent le nom de пoyлo, пyлo ou пyль, mot qui est resté à la plus petite de nos espèces de cuivre, ce qui en passant fait voir que le mot полушка ne derive point, comme on l'a cru de поль & ушки (*demi oreillettes*).

La VIII. classe est remplie des monnoies *des premiers Tsars* jusqu'au regne de Pierre le Grand. La monnoie se sent de la reforme du Tsar

&

& le type commence à être mieux exprimé. Il y a des pièces d'or du Tsar Iwan Wasilovitsch; ce que l'on y trouve de remarquable, c'est que l'on voit sur les deux faces l'aigle à deux têtes portant sur une face au milieu de la poitrine une *Licorne* & sur l'autre le *Saint George*. Ce Tsar fut le premier qui mit devant le titre les mots Божїею милостїю (par la grace de Dieu). Son titre qu'on voit exprimé autour de ces pièces, est. Б. М. Великїй Князь Іванъ Васильевичь всея русїи Владимерскїй Московскїй Новогородскїй Псковскїй Тверскїй Полоцкїй Царь Казанскїй Царь Астраханскїй. Il y a des monnoies du faux *Demetrius* & du Roi *Vladislas*, qui affecte le titre Царь и Великїй Князь Владиславъ Жигимонтовичь Всея Руссїи. Sur les monnoies du Tsar *Michaile Fedrovitsch* on trouve le mot Самодержецъ ajouté au titre du Tsar. Alexei Michailovitsch fit frapper les premiers Roubles, des quarts de Rouble de forme triangulaire, des pièces d'or, & de cuivre. Parmi celles, qui furent frappées par

par l'ordre de la Tſarewna Sophie Alexiewna, il y en a du meilleur coin. Je n'en ai vu qu'en or. Je ne me ſouviens pas qu'aucun auteur ait fait mention des monnoies, qui ne portent que le nom du Tſar Joan Alexeevitſch. Ce ſilence en prouve la rareté. Le cabinet en poſſede quelques unes. Je n'oſe pas determiner au juſte le tems de leur fabrique. Seroit-ce que la Princeſſe Sophie, qui ſe flattoit de voir élévé ce Prince ſeul ſur le trohne, les auroit fait battre d'avance? — — Le nombre des pièces contenues dans ces huit claſſes monte à 6000.

La IX. renferme les monnoies & les medailles frappées pendant les regnes de Pierre le Grand & de ſes illuſtres Succeſſeurs. Le nombre des medailles tant en or qu'en argent monte à 178. On y trouve la pièce originale qui fut frappée & préſentée à Pierre le Grand, lorsqu'il viſita en 1717 l'hôtel de monnoies à Paris. Le portrait de l'Empéreur étoit d'une telle reſſemblance que Pierre I. ſe réconnut au premier aſpect.

Suivent

Suivent les monnoies *Puniques*, *Gothiques*, *Chinoises*, celles du *Japon* & des *Indes*. Les plus rares y sont dix de ces fameuses *Roupies* d'or qui représentent les signes du zodiaque, dont l'histoire se trouve au Tome second des voyages de *Tavernier*. Le premier possesseur du cabinet les avoit acheté mille Ecus.

Ce qui donne une préférence marquée à notre cabinet ce sont les *Arabesques*, & les monnoies *tatares*; celles des Califes d'*Anderabe*, de *Samarcand*, de *Schâsch*, celles des Khans de la *Bolgarie*, de la *Crimée*, d'*Asov*, de la *Horde d'or*. — — Le nombre de ces monnoies va audelà de 8000.

La garde de ces precieux depôts est confiée aux mêmes qui veillent à la Bibliotheque. Le cabinet d'histoire naturelle est ouvert en été deux fois par semaine à des heures marquées.

Me voilà arrivé à la fin de ma tâche. Seroit ce que je l'aurois bien rempli? c'est ce que j'attends du jugement du lecteur: mais je le prie de se rappeller toujours que ce n'est qu'un essai qu'on s'est engagé à lui donner.

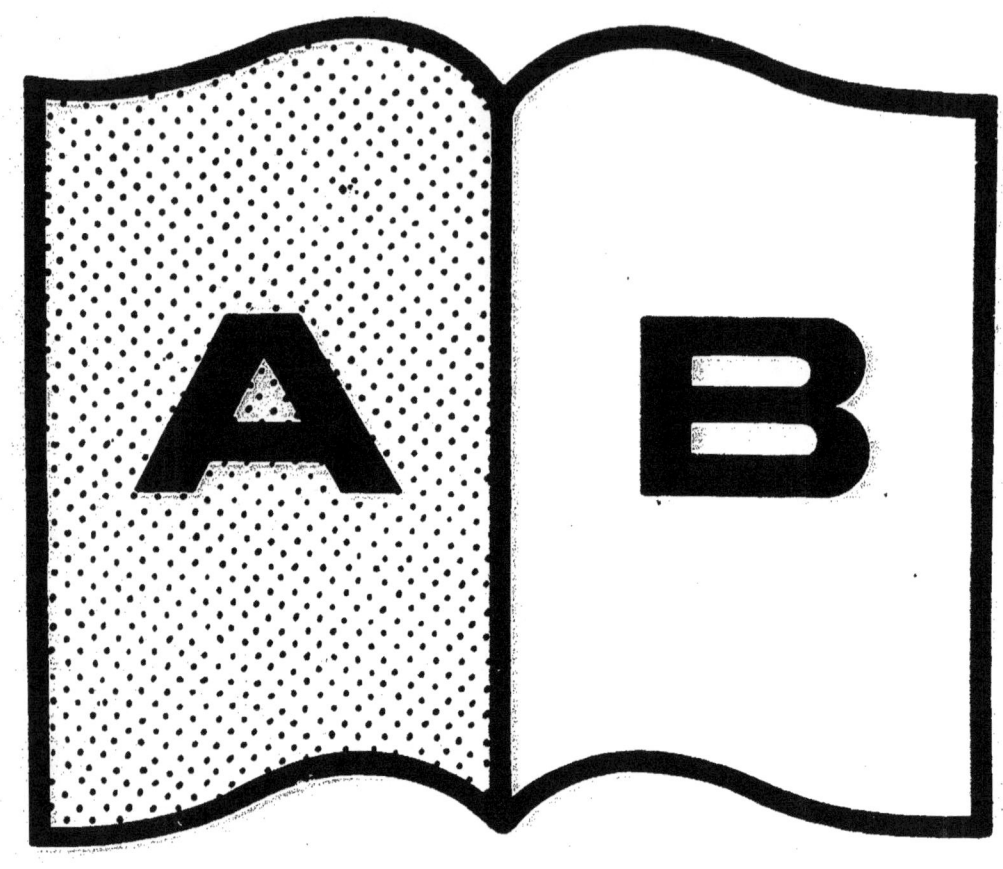

Contraste insuffisant

NF Z 43-120-14